INHALT

Vorwort 11

Die Geburtsstunde: Ist der FC Bayern älter als der VfL Bochum von 1848? 13

Der Gründungstag des FC Bayern 14

Die Gründungsdaten der europäischen Topklubs 17

Der Geburtstag: Warum kaum ein Bayern-Profi im letzten Quartal eines Jahres geboren ist 21

Das Geburtsdatum als Vorteil bei der Talentsichtung 22

Die Geburtsmonate der FC-Bayern-Stars 23

Die »Christkinder« des FC Bayern 24

Der Geburtsort: So viel Boulogne-sur-Mer und Londrina stecken im FC Bayern 27

Der Name: Willkommen beim FC Bayern, Stefan Weiß! ... 35

Von Stefan bis Thomas: Die häufigsten Vornamen von FC-Bayern-Spielern 36

Nachnamen: Drei Müllers beim FC Bayern 38

Von Gerd Müller bis Mazinho: Die Namensvettern von FC-Bayern-Stars 41

»Popeye«, »Koka« und »Bambi«: Die Spitznamen der Spieler 46

Der Kampf um die Meisterschaft: Herzschlagfinale mit Schalke – Eiltempo mit Guardiola und Heynckes ... 55

Als der 34. Spieltag mit dem FC Bayern noch spannend war 56

Die schnellsten Meisterschaften aller Zeiten 65
Die punktbesten Meister aller Zeiten 68
Der FC Bayern in Abstiegsgefahr! 70
Forever Number One? 73
Von 20 000 auf 75 000 Stadionbesucher: Wie der FC Bayern sich zum Publikumsmagneten entwickelt hat 75
So oft gewann der FC Bayern das Zuschauerranking 79
Die »Retterspiele« des FC Bayern: Wie der FCB Traditionsvereinen hilft, die in höchster Not sind 83
Hoeneß trägt »Retter-T-Shirt« des FC St. Pauli 84
Wie der FC Bayern einst Borussia Dortmund Geld geliehen hat 85
Von Kamel-Attacken im Trainingslager und Ausflügen ins Tonstudio: Geschichten vom Boulevard 87
Kuriose Verletzungen 88
Fack ju Göhte und *Leberkäsjunkie*: FC-Bayern-Stars als Leinwandhelden 90
Von »Gute Freunde« bis »Sag meinen Namen«: So performten Spieler des FC Bayern im Musikbusiness .. 92
Cowboy, Bierverkäufer und Dönerimbiss-Gründer: Was (ehemalige) FC-Bayern-Stars beruflich machen .. 98
Schnelle Tore und »Fünferpacks«: Die Rekorde der Bayern-Stürmer 103
»Blitztore« 104
Die »Mehrfachpacks« des Gerd Müller 105

Daniel Michel

UNNÜTZES WISSEN über den FC BAYERN MÜNCHEN

Daniel Michel

UNNÜTZES WISSEN über den FC BAYERN MÜNCHEN

Erstaunliche Fußballfakten, die dich zum Experten machen

YES

MIX
Papier | Fördert gute Waldnutzung
FSC® C021394

Komplett überarbeitete und aktualisierte Neuausgabe
1. Auflage 2024

Türkenstraße 89, 80799 München
info@yes-publishing.de

Überarbeitung und Aktualisierung: Günter Klein
Redaktion: Rainer Weber, Ulrich Korn
Umschlaggestaltung: Ivan Kurylenko (hortasar covers)
Layout und Satz: Müjde Puzziferri, MP Medien, München
Druck: ScandBook, Litauen
Printed in the EU

ISBN Print 978-3-96905-358-4
ISBN E-Book (EPUB, Mobi) 978-3-96905-359-1
ISBN E-Book (PDF) 978-3-96905-360-7

Die Torschützenkönige in Diensten des FC Bayern 105
Die Scorer-Bilanz von Thomas Müller 107
146 Treffer: Der unglaubliche Tor-Rekord des FC Bayern 109
Legendärer Sieg in Bochum und Spiel gedreht gegen Juventus: Die größten Aufholjagden des FC Bayern 111
Das große Zittern: So schneidet der FC Bayern beim Elfmeterschießen ab 119
Wie fair spielt der FC Bayern? 127
Die Fairplay-Meisterschaft 128
Die strafkartenreichsten Spiele des FC Bayern 130
Die »Rekordsünder« 135
Die Konkurrenz »kaputt kaufen«?: So agiert der FC Bayern auf dem Transfermarkt 139
Rekord-Transfers 140
Wo der FC Bayern am häufigsten auf dem Transfermarkt zugreift 142
Torstensson und Makaay – zwei Angriffsmaschinen für den FC Bayern 147
Legionäre beim FC Bayern 149
Wie der FC Bayern sein Geld verdient 151
Von Olympiasiegern und Jungspunden: Die Trainer des FC Bayern 159
Lerby und Nagelsmann vorn: Die jüngsten Trainer des FC Bayern 160

So erfolgreich waren die FC-Bayern-Coaches als Spieler 162
Lattek mit Topwert: Die dienstältesten Trainer des FC Bayern 164
Die erfolgreichsten Trainer des FC Bayern 166

Best of Champions League 169

Die Rekordstarter: Barca vor Real Madrid und FC Bayern 170
Die sechs CL-Endspiele des FC Bayern 172
Rekordserien 176
Tor-Rekorde in der Champions League 177
Die erfolgreichsten Torjäger der Champions League 178
Profiteure der Auswärtstorregel 182

Was der FC Bayern Real Madrid voraushat: Alles über die »Titelhamster« 185

Rekordmeister 186
Der fünfte Stern 187
Müller an der Spitze. Die Rekordspieler nach Anzahl der gewonnenen Meisterschaften 188
Bundesliga eine »Farmers League«? 189
Der FC Bayern als Rekordsieger im DFB-Pokal 190
Triple-Sieger 190
FC Bayern ist Dritter im »Henkelpott«-Ranking 191
Das historische Europapokal-Triple 192
Der FC Bayern nimmt Revanche am BVB 193

Hall of Fame 195

Vom »Bomber« bis zum »Fußballgott« – die Hall of Fame des FC Bayern 196

Ehre, wem Ehre gebührt **213**
»Fußballer des Jahres« 214
»Mannschaft des Jahres« 215
»Ballon d'Or« und »Weltfußballer des Jahres« 216
Zu guter Letzt … **219**

VORWORT

Liebe Leserinnen und Leser,

wen hat der FC Bayern wirklich »kaputt gekauft«? Wo bedient sich der FC Bayern am liebsten auf dem Transfermarkt? Wer war bei Dienstantritt der jüngste Trainer in der Bundesligageschichte des FC Bayern? Wie oft sind Stars des deutschen Rekordmeisters zu Deutschlands »Fußballer des Jahres« oder zum »Weltfußballer« gekürt worden? Und wie verdient Deutschlands vermögendster Klub hauptsächlich sein Geld, wenn er doch bislang selten seine Stars auf dem Transfermarkt teuer weiterverkaufte?

Auf all diese Fragen wird es in diesem Buch Antworten geben – und noch auf viele mehr. Aber eines gleich vorweg: Hier geht es nicht um das erfolgreiche Engagement des FC Bayern München e. V. in einer ganzen Reihe von Sportarten – auch wenn wir diesen einen kleinen, respektvollen Gruß am Ende dieses Buches erweisen werden –, nein, hier geht es um den Mythos, um die Legende, um das, was weltweit die Fan-Herzen höherschlagen lässt, sprich: um die Fußballmannschaft der Herren – besonders ab der Zugehörigkeit zur Bundesliga zur Saison 1965/66.

Um genau diesen FC Bayern – und keinen anderen – geht es bei den vielfältigen Fakten, die Sie auf den folgenden Seiten kennenlernen werden.

Viel Spaß beim Lesen – und den einen oder anderen Wissensvorsprung bei zukünftigen Gesprächen über den FCB – wünscht Ihnen

Daniel Michel

DIE GEBURTSSTUNDE

Ist der FC Bayern älter als der VfL Bochum von 1848?

DER GRÜNDUNGSTAG DES FC BAYERN

Der FC Bayern wurde am 27. Februar 1900 im »Café Gisela« nahe dem Münchner Odeonsplatz gegründet. Eingetragen ins Vereinsregister wurde er als »Fußball-Club Bayern, München e. V.«, bekannt ist er aber unter Kurzbezeichnungen wie FC Bayern München, Bayern München und FC Bayern, wie er im Folgenden genannt wird. Franz John, damals 27 Jahre alt, gebürtig aus Pritzwalk in Brandenburg, wurde von den Gründungsmitgliedern zum ersten Präsidenten des Vereins gewählt. Der Gründung des FC Bayern ging ein Konflikt voraus, wie er für die damalige Zeit für viele Vereine im Deutschen Reich typisch war. Turnen war die führende Sportart – und die Funktionäre der Turnvereine gaben viele Bestimmungen vor, auch um die aufkommende Sportart Fußball in ihrer Entwicklung auszubremsen. So gehörten die späteren Fußballer des FC Bayern zunächst dem Männer-Turn-Verein (MTV) München von 1879 an – seit 1897 gab es dort eine offizielle Fußballabteilung. Weil die MTV-Bosse es aber unter anderem ablehnten, dass sich ihre Fußballer im Verband Süddeutscher Fußball-Vereine (VSFV) organisierten, kam es an jenem Dienstagabend des 27. Februar 1900 zur Abspaltung.

Heute kann der FC Bayern also auf eine über 122 Jahre alte Vereinsgeschichte zurückblicken. Doch ist der Klub mit 122 Jahren eher ein »alter« oder ein »junger« Fußballverein?

Eine kurze Einordnung:

Der FC Sheffield wurde am 24. Oktober 1857 gegründet und gilt als ältester Fußballverein der Welt. Der englische Traditionsklub existiert auch heute noch, ist aber nicht im englischen Profifußball vertreten.

Der BFC (Berliner Fußball-Club) Germania, ein deutsches Beispiel, wurde am 15. April 1888 ins Leben gerufen. Der Klub aus dem Berliner Stadtteil Tempelhof spielt derzeit in der Kreisliga B.

Beim ärgsten Lokalrivalen des FC Bayern, dem TSV 1860 München, kommt es in der Chronologie oftmals zu Missverständnissen. Denn beim Turn- und Sportverein von 1860 wurde eine Fußballabteilung offiziell erst am 25. April 1899 gegründet. Die TSV-Fußballer sind demnach nicht 40 Jahre, sondern »nur« 308 Tage oder rund zehn Monate älter als die Bayern-Fußballer. Natürlich ist das aber nur eine Zahlenspielerei.

Dennoch wird in der Fußballbundesliga das Thema Traditionsvereine versus neureiche Investoren- und Werksklubs sehr intensiv diskutiert. Zieht man das Gründungsdatum der 18 Klubs heran, die in der Saison 2023/24 in der Bundesliga spielten, ist der FC Bayern der sechstälteste Klub im deutschen Oberhaus.

Allerdings ist die gleich folgende Tabelle – sortiert nach Gründungsdatum – mit Vorsicht zu genießen. So gibt es zum Beispiel Klubs, die dem Gründungsdatum nach sehr alt sind, aber dennoch nicht zwingend in die Kategorie Traditionsverein fallen. Das gilt zum Beispiel für die TSG 1899 Hoffenheim, die formal einen Platz vor dem FC Bayern liegt. Bei anderen Klubs führten

Fusionen eher zu einem jüngeren Datum, beispielsweise beim Tabellen-Fünfzehnten, dem 1. FC Köln (1948). Die Vorgängervereine des FC wurden auch um das Jahr 1900 herum gegründet.

Schwierig stellt sich die Einordnung des VfL Bochum dar. Die Wurzeln reichen zurück zum 26. Juli 1848, als in einer Zeitung ein Aufruf zur Gründung eines Turnvereins stand, die dann 1849 erfolgte. Der heutzutage bekannte VfL Bochum geht aber aus einer Fusion von drei Klubs im Jahr 1938 hervor. Die separate Fußballabteilung gründete sich im Juli 1949. Dieses Datum ist nun für den VfL in der folgenden Tabelle eingetragen. Gar das Jahr 1846 trägt der 1. FC Heidenheim im Wappen. Er bezieht sich auf den Sportbund Heidenheim, aus dem sich 2007 die Fußballabteilung abspaltete.

Bundesligatabelle nach Gründungsdatum der Klubs, Saison 2023/24

Platz	Verein	Gründungsdatum
1.	VfB Stuttgart	09.09.1893
2.	SV Darmstadt 98	22.05.1898
3.	SV Werder Bremen	04.02.1899
4.	Eintracht Frankfurt	08.03.1899
5.	TSG Hoffenheim	01.08.1899
6.	**FC Bayern München**	**27.02.1900**
7.	Borussia Mönchengladbach	01.08.1900
8.	SC Freiburg	30.05.1904

9.	Bayer 04 Leverkusen	01.07.1904
10.	FSV Mainz 05	16.03.1905
11.	FC Augsburg	08.08.1907
12.	Borussia Dortmund	19.12.1909
13.	VfL Wolfsburg	12.09.1945
14.	1. FC Köln	13.02.1948
15.	VfL Bochum	29.07.1949
16.	1. FC Union Berlin	20.01.1966
17.	1. FC Heidenheim	01.01.2007
18.	RB Leipzig	19.05.2009

DIE GRÜNDUNGSDATEN DER EUROPÄISCHEN TOPKLUBS

Noch ein Blick nach Europa: Der Europäische Fußballverband UEFA erstellt nach einem speziellen Punktesystem – in erster Linie sind die Ergebnisse aus dem Europapokal über die vergangenen fünf Jahre eingerechnet – die »Klubkoeffizienten-Rangliste«. Zum Abschluss der Saison 2023/24 belegte der FC Bayern Platz zwei in diesem Ranking. Geht es nach dem Gründungsdatum der derzeit 18 besten Klubs in Europa, dann liegen die Münchner auf Platz sechs.

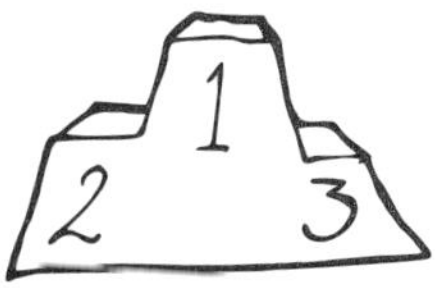

Europäische Topklubs nach Gründungsdatum

Platz	Verein	Gründungsdatum
1.	FC Sevilla	25.01.1890
2.	FC Liverpool	03.06.1892
3.	Manchester City	16.04.1894
4.	Juventus Turin	01.11.1897
5.	FC Barcelona	29.11.1899
6.	**FC Bayern München**	**27.02.1900**
7.	Real Madrid	06.03.1902
8.	Manchester United	24.04.1902
9.	Atlético Madrid	26.04.1903
10.	Bayer Leverkusen	01.07.1904
11.	FC Chelsea	10.03.1905
12.	Inter Mailand	09.03.1908
13.	Borussia Dortmund	19.12.1909
14.	FC Villarreal	10.03.1923
15.	SSC Neapel	01.08.1926
16.	AS Rom	07.06.1927
17.	Paris Saint-Germain	12.08.1970
18.	RB Leipzig	19.05.2009

Die Tabelle bedarf einer kurzen Einordnung. Paris Saint-Germain belegt beispielsweise nur Platz 17, der Vorgängerklub Stade Saint-Germain wurde aber bereits 1904 gegründet.

Bei Manchester City gab es bereits einen Vorgängerklub 1880, bei Stadtrivale Manchester United sogar 1878. In dieser Tabelle wurde aber jeweils das Datum ausgewählt, an dem die beiden Klubs aus Manchester wohl erstmals unter ihrem heute bekannten Namen firmierten.

Ein Vergleich zu den spanischen Konkurrenten FC Barcelona und Real Madrid: Barca ist 90 Tage älter als der FC Bayern. Die Münchner wiederum sind rund zwei Jahre oder 737 Tage älter als Real Madrid.

DER GEBURTSTAG

Warum kaum ein Bayern-Profi im letzten Quartal eines Jahres geboren ist

DAS GEBURTSDATUM ALS VORTEIL BEI DER TALENTSICHTUNG

Wer gerne Fußballprofi werden will, für den kann auch sein Geburtsdatum von enormem Vorteil (oder Nachteil) sein. Das ist kein Witz, sondern statistisch belegt. Denn im Jugendbereich sehen die Bestimmungen in der Regel vor, die Spielerauswahl mit Blick auf jeweils ein Geburten-Kalenderjahr vorzunehmen. Bedeutet: In einer Jugendauswahl sind die Spieler zusammen, die zwischen dem 1.1. und dem 31.12. desselben Jahres geboren sind. Oftmals haben die Spieler, die in den ersten Monaten eines Jahres geboren sind, dadurch enorme Vorteile. Sie sind in der Mehrzahl körperlich robuster, schneller und größer. Wenn es dann um den Aufstieg in die nächsthöhere Mannschaft und eine bessere Förderung geht, greifen die Coaches oftmals auf diese Spieler zurück, die (körperlich) schon weiterentwickelt sind.

»Deutschlandfunk Nova« fasste die Fakten und Forschungsergebnisse im September 2018 so zusammen: »Wenn deutsche Fußballprofis Geburtstag feiern, dann zu 75 Prozent im ersten Halbjahr. In der Ersten und Zweiten Fußballbundesliga wurden zum Beispiel 140 Spieler im Januar geboren. Aber nur 46 im Dezember. Und das ist kein deutsches Phänomen, ähnliche Verteilungen gibt es in fast allen Ligen der Welt. Das nennt man den relativen Alterseffekt.«

DIE GEBURTSMONATE DER FC-BAYERN-STARS

Wie stellt sich die Lage nun bei den Profis des FC Bayern dar? Blicken wir in den Kader der Saison 2023/24, dem 30 Spieler angehörten.

- 17 Bayern-Profis sind in der ersten Jahreshälfte zwischen den Monaten Januar und Juni geboren.
- 13 Spieler sind in der zweiten Jahreshälfte zwischen den Monaten Juli und Dezember geboren.
- Im letzten Quartal, also in den Monaten Oktober, November und Dezember, sind nur fünf Spieler geboren. Dayot Upamecano hat am 27.10. Geburtstag, Alphonso Davies am 2.11., Noussair Mazraoui am 14.11., Kim Minjae am Tag darauf. Und Raphael Guerreiro kommt mit Geburtsdatum 22.12. Weihnachten nahe.
- Topmonate sind Januar, Februar und Mai, in denen jeweils vier Profis des FC Bayern ihren Geburtstag feiern. Die Forschungsergebnisse bestätigen sich also nicht ganz, wenn man den gesamten Kader betrachtet. Allerdings: Der ist auch sehr international aufgestellt, die Spieler kommen aus verschiedenen Ausbildungskulturen. Greift man die deutschen Spieler heraus, so bietet sich das Bild, das auch die Fußballwissenschaftler gezeichnet haben. Das erste Halbjahr gewinnt mit 8 : 3, spätester Geburtsmonat ist der September bei Thomas Müller – der aber ohnehin ein Sonderfall ist. In fast allem.

Ranking nach Geburtsmonaten der FC-Bayern-Stars

Anzahl Spieler (30) / Geburtsmonat

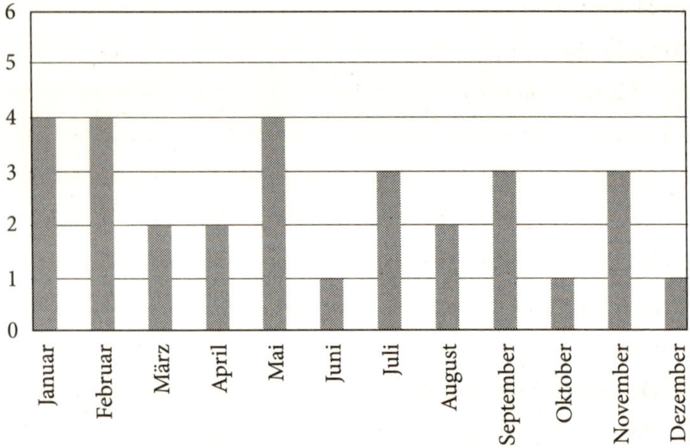

DIE »CHRISTKINDER« DES FC BAYERN

Übrigens: Für den FC Bayern liefen auch schon drei »Christkinder« auf, auch wenn sie sportlich nicht ihre beste Zeit bei den Roten durchlebten.

Helmut Fottner wurde am 24. Dezember 1927 in München geboren. Der Stürmer spielte nach dem 2. Weltkrieg 1945/46 für den FC Bayern in der Oberliga Süd, was damals die höchste Spielklasse darstellte. Danach ging es für Fottner unter anderem zum Lokalrivalen TSV 1860 München und zum saarländischen

Klub SV Saar 05 Saarbrücken. Da das Saarland zwischen 1950 und 1956 autonom war, stellte es in dieser Zeit auch eine Fußballnationalmannschaft. In dieser kam Fottner zu zwei Einsätzen.

Erich Maas ist Bayern-»Christkind« Nummer zwei. Er wurde am 24. Dezember 1940 in Prüm (Rheinland-Pfalz) geboren. 1970 wechselte Maas von Eintracht Braunschweig zum FC Bayern. Der Flügelstürmer kam jedoch in seinen sechs Einsätzen für die Münchner kaum zur Geltung, weshalb er noch während der Saison 1970/71 zum FC Nantes weiterzog. Mit Nantes wurde Maas französischer Meister (1973), sechs Jahre zuvor (1967) hatte er mit Braunschweig die deutsche Meisterschaft gewonnen.

Auch **Edmund Kaczor,** das dritte Bayern-»Christkind«, konnte sich beim FC Bayern nicht durchsetzen. Kaczor wurde am 24. Dezember 1956 geboren und ging zur Saison 1975/76 zum FC Bayern. Bereits im Oktober 1975 wechselte der Offensivakteur zu Zweitligist Preußen Münster, dennoch darf sich Kaczor auch als Europapokalsieger bezeichnen. Denn: Trainer Dettmar Cramer stellte den Flügelstürmer im Rückspiel der 1. Runde des Europapokals der Landesmeister gegen Jeunesse Esch in der Startelf auf, die Münchner besiegten den luxemburgischen Vertreter mit 3:1 und feierten am Ende der Saison den dritten Triumph im Landesmeistercup.

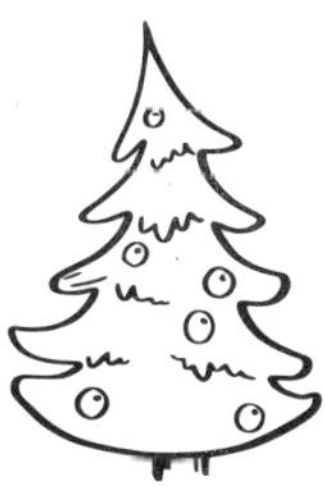

DER GEBURTSORT

So viel Boulogne-sur-Mer und Londrina stecken im FC Bayern

Der FC Bayern vereint Spieler aus aller Welt – was für ein Zufall also, wenn Spieler des deutschen Rekordmeisters, abgesehen vom Vereinsstandort München, aus demselben Geburtsort stammen. Eine Auswahl:

Oliver Kahn / Mehmet Scholl

Oliver Kahn wurde im Juni 1969 in Karlsruhe geboren und wechselte 1994 vom Karlsruher SC zum FC Bayern. In München stieg Kahn, der von 2021 bis 2023 den Verein als Vorstandsvorsitzender anführte, zur Torwart-Legende auf. Die Krönung für ihn folgte mit dem Champions-League-Triumph im Jahr 2001.

Diesen Erfolg feierte Kahn gemeinsam mit Teamkollege Mehmet Scholl. Der Dribbel-Künstler, geboren im Oktober 1970, stammt ebenfalls aus Karlsruhe und spielte auch für den Karlsruher SC – wechselte aber zwei Jahre früher (1992) als Kahn zum FC Bayern.

David Alaba / Brian Laudrup

Anders als Kahn und Scholl durchlief David Alaba noch zwei Jahre die Jugendauswahl des FC Bayern, bevor der Österreicher 2010 sein Debüt bei den Profis gab. Der Verteidiger wurde im Juni 1992 in Wien geboren und gewann mit den Münchnern zweimal – 2013 und 2020 – das Triple aus Champions League, deutscher Meisterschaft und DFB-Pokal.

Ebenfalls in Wien geboren ist Brian Laudrup (Jahrgang 1969). Laudrup spielte von 1990 bis 1992 für die Münchner und gewann 1992 mit Dänemark die Europameisterschaft. Warum wurde der Däne Laudrup in Österreich geboren? Sein Vater Finn war ebenfalls Profifußballer und stand 1969 in Diensten des Wiener Sport-Clubs.

Søren Lerby / Pierre-Emile Højbjerg

Vor Laudrup sorgte mit Søren Lerby bereits ein weiterer Däne für Furore beim FC Bayern. Der im Februar 1958 in Dänemarks Hauptstadt Kopenhagen geborene Lerby lenkte zwischen 1983 und 1986 das Spiel der Münchner aus dem Mittelfeld heraus. Zwei deutsche Meisterschaften und zwei Triumphe im DFB-Pokal sprangen als Trophäen für ihn heraus. In der Saison 1991/1992 kehrte Lerby kurzzeitig nach München zurück. Als Nachfolger des im Oktober 1991 entlassenen Jupp Heynckes übernahm er das Traineramt bei den Münchnern. Jedoch blieb ihm als Coach der Erfolg verwehrt, nach sechs Monaten im Amt musste Lerby wieder abdanken. Das war aber nicht das letzte Kapitel der Zusammenarbeit zwischen ihm und dem FC Bayern.

Denn Lerby schlug eine Karriere als Spielerberater ein. Einer seiner Klienten war dabei zwischenzeitlich Pierre-Emile Højbjerg. Der Mittelfeldspieler, im August 1995 in Kopenhagen geboren, stand zwischen 2012 und 2016 bei den Münchnern unter Vertrag. Allerdings ließ Højbjerg in seinen 25 Pflichtspieleinsätzen für die Profis des

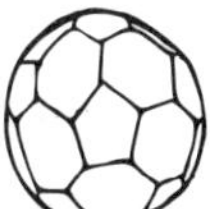

FC Bayern zu selten sein Talent aufblitzen, weshalb er nach zwei Leihstationen (FC Augsburg, FC Schalke) zum FC Southampton in die Premier League wechselte und schließlich bei Tottenham Hotspur landete.

Rafinha / Giovane Élber

Doppelt so lange wie Højbjerg stand Außenverteidiger Rafinha beim FC Bayern unter Vertrag. Der Deutsch-Brasilianer brachte es zwischen 2011 und 2019 auf 266 Pflichtspieleinsätze für den deutschen Rekordmeister. Geboren wurde Rafinha 1985 in Londrina. Die Stadt ist mit rund 550 000 Einwohnern die viertgrößte im Süden von Brasilien. Londrina heißt übersetzt »Klein-London« – und ebenfalls dort wurde der frühere FC-Bayern-Stürmer Giovane Élber (Jahrgang 1972) geboren. Élber ging von 1997 bis 2003 für die Roten auf Torejagd. Besonders wichtig: In der Champions-League-Saison 2000/01 gelangen ihm sechs Tore, zwei davon in den Halbfinalspielen gegen Real Madrid. Élbers Tore waren Voraussetzung für den Triumph in der Königsklasse.

Jean-Pierre Papin / Franck Ribéry

Ein weiterer legendärer Stürmer des FC Bayern war Jean-Pierre Papin. Der Franzose erzielte 1995 mit einem Seitfallzieher gegen Bayer 04 Uerdingen das »Tor des Jahres« und gewann mit den Münchnern 1996 den UEFA-Pokal. Papin, geboren im November 1963, kommt aus dem Norden Frankreichs, aus Boulogne-sur-Mer.

Aus der 40 000-Einwohner-Gemeinde stammt noch eine weitere Legende des FC Bayern: Franck Ribéry. Der Flügelstürmer, Jahrgang 1983, wechselte 2007 von Olympique Marseille nach München und stieg bei den Fans umgehend zum Publikumsliebling auf. Nach zwölf erfolgreichen Jahren beim FC Bayern sagte Ribéry 2019 »au revoir« und zog für die Endphase seiner Spielerkarriere weiter nach Italien in die Serie A.

Michael Ballack / Jens Jeremies

Ein Blick zurück nach Deutschland: Michael Ballack galt nach der Jahrtausendwende als bester deutscher Fußballer. Zwischen 2002 und 2006 spielte der Mittelfeldakteur für den FC Bayern und gewann mit den Münchnern dreimal das Double aus deutscher Meisterschaft und DFB-Pokal.

Einer von Ballacks Teamkollegen war damals Jens Jeremies, der bereits seit 1998 für den deutschen Rekordmeister auflief. Das Besondere: Ballack (26. September 1976) und Jeremies (5. März 1974) wurden in derselben Stadt geboren, im sächsischen Görlitz, der östlichsten Stadt Deutschlands.

Während Jeremies 2006 verletzungsbedingt seine Karriere beenden musste, ging es für den rund zwei Jahre jüngeren Ballack weiter in die Premier League, wo er mit dem FC Chelsea 2010 den Gewinn der englischen Meisterschaft feierte. Ballack und Jeremies

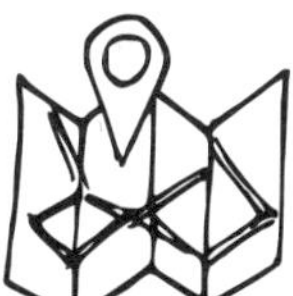

blieb dagegen ein großer Traum mit der deutschen Nationalmannschaft verwehrt: Sie verfehlten knapp den Gewinn der Weltmeisterschaft. Im Endspiel 2002 gab es eine 0 : 2-Niederlage gegen Brasilien – Jeremies stand in der Startelf, Ballack fehlte aufgrund einer Gelb-Sperre.

Paul Breitner / Bastian Schweinsteiger

Mehr Glück mit der Nationalmannschaft besaßen dagegen Paul Breitner und Bastian Schweinsteiger. Breitner holte mit Deutschland den WM-Titel 1974, Schweinsteiger 2014. Das Duo kann aber auch auf zahlreiche Titel beim FC Bayern verweisen. Breitner spielte gleich zweimal für die Roten: Erst von 1970 bis 1974, dann noch mal von 1978 bis 1983. Dabei sprangen für Breitner und den FC Bayern unter anderem fünf Meistertitel und ein Triumph im Landesmeistercup (1974) heraus.

Bastian Schweinsteiger brachte es zwischen 2002 und 2015 auf acht deutsche Meisterschaften sowie einen Triumph in der Champions League. Was Breitner und Schweinsteiger noch gemeinsam haben? Beide wurden in der oberbayerischen Gemeinde Kolbermoor geboren: Breitner am 5. September 1951, Schweinsteiger am 1. August 1984.

Kingsley Coman / Tanguy Nianzou

Kingsley Coman glückte im Champions-League-Finale 2020 das Siegtor für den FC Bayern im Duell mit Paris Saint-Germain.

»Ausgerechnet Coman«, könnte man nun rufen, denn der Flügelstürmer wurde am 13. Juni 1996 in Paris geboren und durchlief von 2005 bis 2014 die Jugendauswahlen von PSG allesamt.

Im FC-Bayern-Kader gibt es nun mit Tanguy Nianzou noch einen weiteren Spieler, der in Paris geboren wurde (am 7. Juni 2002). Auch Nianzou spielte – vor seinem Wechsel 2020 nach München – für PSG.

Serge Gnabry / Jamal Musiala

Zwei aktuelle FC-Bayern-Stars sind zudem in Stuttgart geboren: Flügelstürmer Serge Gnabry (14. Juli 1995) und Mittelfeldakteur Jamal Musiala (26. Februar 2003). Manchmal wird auch noch Joshua Kimmich zur Stuttgarter Fraktion hinzugezählt, zumal er einst wie Gnabry in der Jugend des VfB Stuttgart gespielt hat. Kimmichs Geburtsort heißt aber Rottweil und liegt fast 100 Kilometer von Stuttgart entfernt.

Gibt es auch Münchner?

Einen einzigen fand man im Kader 2023/24: Aleksandar Pavlovic, der Shootingstar der Saison, war in München zur Welt gekommen. Das andere Münchner Kindl, Josip Stanisic, hatten die Bayern unglücklicherweise für dieses eine Jahr an Bayer Leverkusen verliehen, von dem sie als Meister entthront wurden.

Als die erfolgreichsten Bayern-Spieler, die in München geboren wurden, gelten Franz Beckenbauer und Philipp Lahm.

Beckenbauer gewann zwischen 1974 und 1976 dreimal den Landesmeistercup mit dem FC Bayern. Lahm war der Kapitän jenes Bayern-Teams, das im Jahr 2013 erstmals das Triple holte.

DER NAME

Willkommen beim FC Bayern, Stefan Weiß!

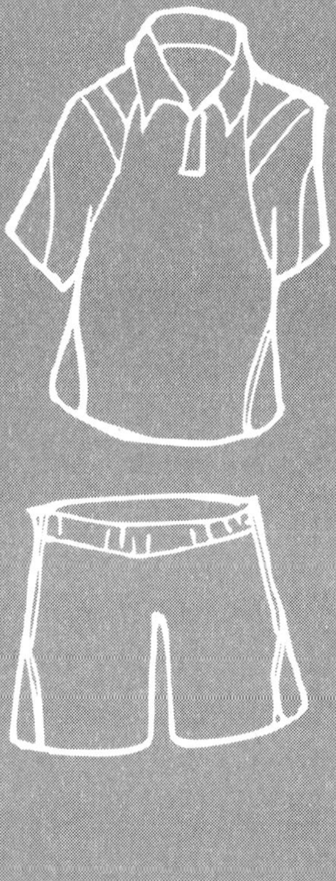

VON STEFAN BIS THOMAS: DIE HÄUFIGSTEN VORNAMEN VON FC-BAYERN-SPIELERN

»Wer ist Thomas Müller?« lautete im Jahr 2015 der Titel einer Dokumentation der ARD. Autor und Regisseur Christian Heynen brachte dabei den Zusehern anhand von zahlreichen Statistiken den »Durchschnittsdeutschen« näher. Thomas Müller ist dabei die Kombination aus dem, statistisch betrachtet, am häufigsten vorkommenden Vor- und Nachnamen in Deutschland. Der idealtypische Thomas Müller ist zudem 1,78 Meter groß, 83,4 Kilo schwer und 43 Jahre alt. Jener Thomas Müller, der im Jahr 2000 im Alter von zehn Jahren vom TSV Pähl in die Jugend des FC Bayern gewechselt ist und zu einer der prägenden Figuren des deutschen Fußballs wurde, ist allerdings 1,85 Meter groß. Der »Durchschnitts-FC-Bayern-Star« trägt einen anderen Vornamen: Stefan. Datengrundlage sind rund 450 Namen von FC-Bayern-Spielern seit der Bundesliga-Zugehörigkeit des Klubs ab der Saison 1965/66.

Allerdings ist Stefan nur dann der häufigste Vorname eines FC-Bayern-Spielers, wenn bei der Schreibweise minimale Abweichungen (Stephan) toleriert werden. Elf Profis sind mit dem Vornamen Stefan vermerkt, wobei nur zwei von ihnen als Stammspieler große Titel beim FC Bayern gesammelt haben.

Außenverteidiger **Stefan Reuter** lief von 1988 bis 1991 für den FC Bayern auf. Der gebürtige Franke und Weltmeister von 1990 gewann mit den Münchnern zwei deutsche Meisterschaften.

Zeitweise ein Teamkollege von Reuter war **Stefan Effenberg,** der gleich zweimal beim FC Bayern unter Vertrag stand. Der

Mittelfeld-Regisseur spielte von 1990 bis 1992 und von 1998 bis 2002 für den deutschen Rekordmeister. »Effe« war Kapitän jener Bayern-Mannschaft, die 2001 die Champions League gewann.

Zu jenem Champions-League-Kader gehörte auch **Stefan Wessels.** Der Torwart stand von 1998 bis 2003 beim FC Bayern unter Vertrag und nahm meistens die Rolle als Ersatzkeeper hinter Oliver Kahn ein.

Abwehrspieler **Stefan Bacak** in der Saison 1966/67, Mittelfeldakteur **Stefan Schehl** von 1981 bis 1983 und Stürmer **Stefan Dinauer** in der Spielzeit 1983/84 zählten jeweils zum Kader des FC Bayern, blieben aber ohne Pflichtspieleinsatz für die Münchner.

Ebenso erging es den »Eigengewächsen« **Stefan Leitl** (im Profikader von 1996 bis 1998), **Stephan Kling** (2001/02) und **Stefano Celozzi** (2007/08).

Für Stürmer **Stefan Maierhofer** sprangen im Herbst 2006 immerhin zwei Kurzeinsätze in der Bundesliga heraus.

Mittelfeldakteur **Stephan Fürstner** erhielt zwischen 2006 und 2009 nur einen Einsatz bei den Profis, weshalb er im Anschluss zur Spielvereinigung Greuther Fürth wechselte.

Ebenfalls elf Bayern-Spieler heißen mit Vornamen Hans, allerdings dreimal in der Konstellation Doppelname. Neben **Hans Jörg Butt, Hans Dorfner, Hans Jörg, Hans Meisel, Hans Nowak, Hans Pflügler, Hans Rigotti** und **Hans Weiner** sind dies **Hans-Dieter Flick, Hans-Josef Kapellmann** und **Hans-Werner Grünwald.** Wobei Hans-Dieter Flick nur »Hansi« gerufen werden

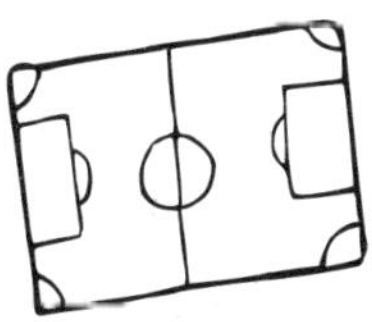

will und Hans-Josef Kapellmann meist als »Jupp« Kapellmann firmierte.

Im Vornamen-Ranking des FC Bayern den dritten Platz belegt Michael. Zehn (ehemalige) Spieler tragen diesen Vornamen: **Michael Ballack, Michaël Cuisance, Michael Hecht, Michael Hertwig, Michael Probst, Michael Rensing, Michael Rummenigge, Michael Sternkopf, Michael Tarnat** und **Michael Wiesinger.**

Das Vornamen-Ranking des FC Bayern seit der Saison 1965/66

Platz	Vorname	Anzahl	Bekanntester Vertreter
1.	Stefan	11	Stefan Effenberg
1.	Hans	11	Hans-Dieter – »Hansi« – Flick
3.	Michael	10	Michael Ballack
4.	Thomas	9	Thomas Müller

NACHNAMEN: DREI MÜLLERS BEIM FC BAYERN

Wie verhält es sich nun mit den Nachnamen der FC-Bayern-Stars? Nur zwei Nachnamen kommen seit der Spielzeit 1965/66 häufiger als zweimal vor: **Müller** und **Weiß.**

Bei den Müllers handelt es sich um Gerd, Thomas und Manfred Müller. Das Trio ist nicht miteinander verwandt. Rekordtorjäger **Gerd Müller** spielte von 1964 bis 1979 für den FC Bayern. Der Weltmeister von 1974 hatte mit seinen 523 Pflichtspieltoren für die Münchner maßgeblichen Anteil an den zahlreichen Erfolgen des Klubs in den 1960er- und 1970er-Jahren.

Manfred Müller war, im deutlichen Kontrast zu Gerd Müller, für das Verhindern von Toren zuständig. Der Keeper trat ab dem Sommer 1979 das schwere Erbe von Torwart-Legende Sepp Maier an. Manfred Müller brachte es dabei bis 1984 auf insgesamt 65 Pflichtspieleinsätze für die Roten. Dazu gab es zwei deutsche Meisterschaften (1980, 1981) und zwei Triumphe im DFB-Pokal (1982, 1984). Angesichts des harten Konkurrenzkampfs mit Walter Junghans und Jean-Marie Pfaff keine schlechte Ausbeute, vor allem, was die Einsatzminuten betrifft.

Der dritte Müller im Bunde, Thomas, weist die meisten gewonnenen Trophäen mit dem FC Bayern auf: 2008 gab der Stürmer sein Debüt als Profi, seitdem gewann er mit den Münchnern zwölf deutsche Meisterschaften. Dazu kommen sechs Triumphe im DFB-Pokal. Einzig beim »Henkelpott« liegt **Thomas Müller** noch hinter seinem Idol Gerd Müller. Zwar hat Thomas Müller mehr Finals (4) in der Champions League beziehungsweise im Landesmeistercup bestritten, doch Gerd Müller ging mit dem FC Bayern aus allen drei Endspielen zwischen 1974 und 1976 stets als Sieger hervor. Thomas Müller hatte dagegen zwei Finalpleiten (2010 und 2012) zu verkraften, weshalb er vorerst bei zwei Cup-Gewinnen steht.

Josef Weiß avancierte 1975 zum Helden im Europacup

Die drei Müller-Profis sind sicherlich bekannter als die drei FC-Bayern-Spieler mit dem Nachnamen Weiß. Dennoch hat vor allem einer von ihnen wesentlich zu großen Erfolgen des Klubs beigetragen: **Josef Weiß** spielte sechs Jahre in der Jugend des FC Bayern, bevor er 1974 zu den Profis aufstieg. Weiß musste sich erst an die zahlreichen Europacupsieger und Weltmeister im Team herankämpfen, doch im Mai 1975 kam sein großer Moment: Im Landesmeistercupfinale 1975 gingen die Spieler von Leeds United von Beginn an hart zur Sache. Teddy Yorath trat in der 4. Spielminute das Knie von Bayern-Verteidiger Björn Andersson kaputt. Der damals 23 Jahre alte »Sepp« Weiß musste für Andersson einspringen und erledigte in der Defensive seine Aufgabe mit Bravour. So ging der FC Bayern mit 2:0 als Sieger vom Platz und verteidigte den Landesmeistercup. Insgesamt brachte es Josef Weiß auf 50 Pflichtspiele für die Roten, 1978 wechselte er dann zum Würzburger FV.

Auch Verteidiger **Günther Weiß** sammelte zwischen 1974 und 1976 mit dem FC Bayern Titel, allerdings stehen nur acht Pflichtspieleinsätze für ihn auf der Habenseite. Günther Weiß verließ den Klub 1976 und unterschrieb einen Vertrag beim damaligen Zweitligisten Spielvereinigung Bayreuth.

Ebenso konnte sich Mittelfeldspieler **Georg Weiß** beim FC Bayern nicht durchsetzen und blieb 1972/73 ohne Pflichtspieleinsatz.

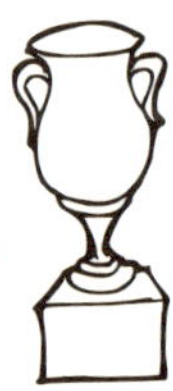

Noch zwei Funfacts:

- ☞ **Jürgen Ey** kam im Angriff des FC Bayern zu zwei Einsätzen in der Saison 1970/71. Ey besitzt mit nur zwei Buchstaben den kürzesten Nachnamen aller Spieler in der Bundesligahistorie des FC Bayern.
- ☞ Das Pendant zu Ey stellt **Manfred Burghartswieser** dar. Der Mittelfeldspieler zählte 1993/94 zum Profikader des FC Bayern. Auch wenn Burghartswieser bei den Profis nicht zum Einsatz kam, steht er mit einem Funfact in den *Unnützes-Wissen*-Geschichtsbüchern: Burghartswieser besitzt den längsten Nachnamen aller Bayern-Profis in der Bundesliga-Geschichte. Es sind insgesamt 15 Buchstaben!

VON GERD MÜLLER BIS MAZINHO: DIE NAMENSVETTERN VON FC-BAYERN-STARS

Ganz gleich ob Robert Lewandowski oder Jérôme Boateng: Sie sind einzigartige Fußballer. Doch geht es rein um den Namen, dann hat mancher FC-Bayern-Star einen Doppelgänger. Eine Auswahl an Namensvettern:

Jorginho

Jorginho, geboren im Dezember 1991, zählt derzeit zu den bekanntesten Fußballstars der Welt. Der Italo-Brasilianer gewann 2021 die Champions League mit dem FC Chelsea und die

Europameisterschaft mit Italien. Sein Anteil am Gewinn der beiden bedeutenden Trophäen war enorm, weshalb Jorginho, der mit bürgerlichem Namen Jorge Luiz Frello Filho heißt, auch zu »Europas Fußballer des Jahres« gekürt wurde.

Wer es nun aber mit dem FC Bayern hält, der denkt vielleicht an einen anderen Jorginho: Jorge José de Amorim Campos, genannt Jorginho, wurde im August 1964 in Rio de Janeiro geboren und wechselte zur Saison 1992/93 von Bayer 04 Leverkusen zum FC Bayern. Der rechte Außenverteidiger begeisterte das Publikum mit seinen Standards, Flanken und Flügelläufen und feierte mit den Münchnern 1994 den Gewinn der deutschen Meisterschaft. Den Karrierehöhepunkt stellte für Jorginho der Triumph mit Brasilien bei der Weltmeisterschaft 1994 dar. Ein Jahr später wechselte der Weltmeister nach Japan. Seine Laufbahn als Profi beendete er 2002 in Brasilien. Danach schlug Jorginho eine Karriere als Trainer ein, unter anderem fungierte er von 2006 bis 2010 als Co-Trainer der brasilianischen Nationalmannschaft.

Rafinha

Auch bei einem weiteren Brasilien-Duo existiert eine Namensvetternschaft. Der Deutsch-Brasilianer Rafinha, dessen bürgerlicher Name Marcio Rafael Ferreira de Souza lautet, gewann mit dem FC Bayern 2013 das Triple. Ein weiterer Fußballstar namens Rafinha (bürgerlicher Name: Rafael Alcântara do Nascimento) stand bei den Topklubs FC Barcelona und Paris Saint-Germain unter Vertrag. Der PSG-Mittelfeldspieler, mittlerweile in Katar gelandet, ist wiederum der Bruder von Thiago, der mit dem FC Bayern 2020 die Champions League gewann.

Mazinho

Wiederum der Vater von Thiago und Rafinha heißt Mazinho beziehungsweise mit bürgerlichem Namen Iomar do Nascimento. Mazinho, geboren im April 1966, zählte einst zu den bekanntesten Fußballern der Welt. Der Mittelfeldspieler gehörte der Stammformation von Brasiliens Weltmeistermannschaft von 1994 an. Ein weiterer Mazinho spielte dagegen nur kurz (1990 und 1991) für die Seleção, dennoch war er in bayerischen Gefilden zeitweise bekannter als sein rund vier Monate jüngerer Namensvetter, denn Waldemar Aureliano de Oliveira Filho, genannt Mazinho, stürmte von 1991 bis 1994 für den FC Bayern. Allerdings konnte Mazinho seinen guten Start im ersten Jahr bei den Roten – zwölf Tore in 34 Pflichtspielen – nicht konservieren. So wurde er im Januar 1994 bereits ein halbes Jahr nach Brasilien ausgeliehen, im Januar 1995 folgte dann endgültig der Abschied aus München.

Breitner

In Südamerika ist es übrigens keine Seltenheit, dass Kinder nach berühmten Fußballern benannt werden. Deshalb sei kurz von Breitner berichtet, dessen bürgerlicher Name Overath Breitner da Silva Medina lautet. Breitner wurde am 9. September 1989 im venezolanischen Barcelona geboren. Sein Vater Joaquin da Silva, selbst Fußballprofi, schwärmte von der deutschen Weltmeistermannschaft von 1974. Damals im DFB-Team aktiv: Köln-Idol Wolfgang Overath und FC-Bayern-Star Paul Breitner. So war quasi von Beginn an der Weg für Overath Breitner vorgezeichnet: erfolgreicher Fußballprofi werden. Eine Zeit lang ging es für den venezolanisch-brasilianischen Fußballer auch stetig bergauf, im Mai 2010 gab Breitner sein Debüt beim brasilianischen Topklub FC Santos. Allerdings konnte sich Breitner nicht durchsetzen und nahm in der Folge viele Engagements bei Klubs der Kategorie Mittelklasse in Brasilien und Portugal an. So blieb Breitner beim Karriereende 2019 nur ein nennenswerter Titel: der Triumph im brasilianischen Pokal-Wettbewerb 2010 mit dem FC Santos. Namensvorbild Paul Breitner konnte dagegen 13 bedeutende Titel mit dem FC Bayern, Real Madrid und der deutschen Nationalmannschaft sammeln.

Gerd Müller

Gerd Müller wurde 1974 mit Deutschland Weltmeister. Der beste deutsche Stürmer aller Zeiten erzielte im WM-Finale sogar das Siegtor zum 2:1-Erfolg über die Niederlande. Beim FC Bayern ging Müller zwischen 1964 und Anfang 1979 auf Torjagd und zählte zur damaligen Zeit zu den bekanntesten Fußballern der Welt. Eine Verwechslungsgefahr bestand da eigentlich nicht, auch wenn es zu dieser Zeit einen weiteren Gerd Müller im Profifußball gab, nämlich jenen Gerd Müller, der als Verteidiger zwischen 1974 und 1980 für die Klubs FC 08 Homburg, 1. SC Göttingen 05, Kickers Offen-

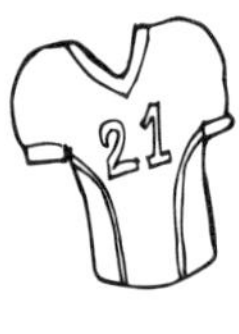

bach und 1. FC Saarbrücken insgesamt 120 Spiele in der 2. Liga bestritt.

Lucas Hernández

Von 2019 bis 2023 spielte Verteidiger Lucas Hernández in München. Der Franzose gewann 2018 mit Atlético Madrid die Europa League und mit Frankreich den WM-Titel. Beim FC Bayern erweiterte Hernández seine Titelsammlung erheblich, allein 2019/20 kamen sechs Trophäen hinzu (u. a. Triumph in der Champions League). Zuletzt etwas Pech bei der Titeljagd hatte dagegen ein Namensvetter von Hernández. Lucas Hernández, geboren im August 1996 in Montevideo, agiert ebenfalls als Verteidiger. Er wurde zunächst mit CA Peñarol 2017 und 2018 Meister in Uruguay. 2019 wagte er den Sprung nach Brasilien und heuerte bei Atlético Mineiro an. Jedoch kam er beim Traditionsklub kaum zum Zug, weshalb er in der Saison 2020/21 an Esporte Clube Cuiabá weiterverliehen wurde. Ausgerechnet in dieser Spielzeit holte Atlético Mineiro das erste Mal seit 50 Jahren wieder den Meistertitel in Brasilien.

Robert Lewandowski

Zahlreiche Tor-Rekorde hat auch Robert Lewandowski in Diensten des FC Bayern aufgestellt, die von Gerd Müller etablierte Marke von 40 Toren in einer Bundesligasaison übertraf der Pole in der Saison 2020/21 sensationell mit 41 Treffern. Lewandowski ist eine Marke, doch Achtung: Im schottischen Fort William könnte mancher Einheimische beim Plausch über Fußball vielleicht auch einen anderen Robert Lewandowski meinen. Denn beim semiprofessionellen Fort William Football Club spielte lange Zeit ebenfalls ein Robert Lewandowski – allerdings hütete jener Lewandowski das Tor von Fort William und hatte blonde Haare.

»POPEYE«, »KOKA« UND »BAMBI«: DIE SPITZNAMEN DER SPIELER

Zahlreiche Fußballprofis haben einen Spitznamen. Manchmal ist es ganz einfach die Kurzform des Vor- oder Zunamens, manchmal wird der Spitzname für einen Teamkollegen innerhalb der Mannschaft erfunden – und manchmal haben natürlich auch die zahlreichen Journalisten eine Idee, wie sie einen Fußballer durch einen Spitznamen charakterisieren wollen. Eine Auswahl an Spitznamen von (ehemaligen) FC-Bayern-Stars:

»Grenadier vom Rhein«

Konrad »Conny« Heidkamp wechselte 1928 vom Düsseldorfer SC 99 zum FC Bayern. Er war Kapitän jener legendären Münchner Mannschaft, die im Jahr 1932 die erste deutsche Meisterschaft gewann. Der Überlieferung nach wurde Heidkamp aufgrund seines harten und platzierten Schusses auch »Grenadier vom Rhein« genannt.

»Schimmy« 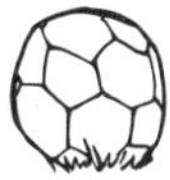

Wilhelm Simetsreiter spielte von Jugend an beim FC Bayern. Der sprintstarke Linksaußen gehörte von 1934 bis 1947 zur ersten Mannschaft der Roten. Zu seinen besonderen Verdiensten zählt der Mitaufbau einer Bayern-Mannschaft nach dem 2. Weltkrieg, die sich in der damals erstklassigen Oberliga Süd etablierte. Aufgrund seiner nahezu weißen Haare trug Simetsreiter den Spitznamen »Schimmy«.

»Kaiser«

Franz Beckenbauer prägte als Spieler den FC Bayern zwischen 1965 und 1977. Sein Spitzname »Kaiser« entstand wohl im Jahr 1969. Am 10. Juni 1969 titelte die *Bild*-Zeitung: »Franz ist der ›Kaiser von Bayern‹«. Der FC Bayern war gerade souverän Meister geworden und Beckenbauer wurde vom Fachmagazin *kicker* zum besten Spieler der Bundesliga gekürt. Kurz darauf duellierten sich die Münchner noch im DFB-Pokal-Finale mit Schalke 04 (2:1). Während der Partie foulte Beckenbauer Gegenspieler Reinhard »Stan« Libuda, der den Spitznamen »König von Westfalen« trug. Die Schalker Fans pfiffen Beckenbauer daraufhin aus, doch der FC-Bayern-Star ließ sich nicht davon beeindrucken. Beckenbauer soll der Überlieferung nach in einer Spielunterbrechung rund 30 Sekunden lang mit dem Ball vor dem Schalker Anhang jongliert haben. Nach dieser Aktion griffen weitere Journalisten den Begriff »Kaiser Franz« auf. So schrieb

Hans Schiefele, Reporter bei der *Süddeutschen Zeitung*: »›Kaiser Franz‹, der den ›König von Westfalen‹ festhielt.«

»Bulle«

Von 1966 bis 1978 spielte Franz »Bulle« Roth für den FC Bayern. Der Mittelfeldakteur erzielte in drei Europacup-Endspielen (1967, 1975 und 1976) jeweils bedeutende Treffer für die Münchner, darunter das Siegtor im Finale des Europapokals der Pokalsieger 1967. Roth hat seinen Spitznamen einer sprachlichen Co-Produktion von Trainer Zlatko »Tschik« Čajkovski und Torwart Sepp Maier zu verdanken. Als die Münchner Nationalspieler von der WM 1966 in England nach München zurückgekehrt waren, stellte der Kroate Čajkovski seinen Schützlingen den in Memmingen geborenen Neuzugang laut *Abendzeitung* mit folgenden Worten vor: »Und das ist einer aus dem Allgäu, der hat Kraft wie Muh.« Daraufhin gab Sepp Maier seinem Trainer einen sprachlichen Hinweis: »Trainer, das heißt in Bayern ›Bulle‹ und nicht ›Stier‹ oder ›Kuh‹ oder ›Muh‹.« So wurde aus Franz Roth »Bulle« Roth.

»Balu«

Im Jahr 1980 wechselte Raimond Aumann von der U19-Auswahl des FC Augsburg zum FC Bayern. Ab 1982 zählte Aumann zum Profikader der Münchner, Ende der 1980er-Jahre stieg er zum Stammkeeper auf und war von 1992 bis 1994 Kapitän der Mannschaft. Da Aumann zu Beginn seiner Münchner Zeit offenbar etwas

Übergewicht besaß, soll ihn der damalige Teamkollege und Superstar Karl-Heinz Rummenigge, angelehnt an den berühmten Bären aus dem *Dschungelbuch*, den Spitznamen »Balu« erteilt haben.

»Rambo«

Johannes Christian (»Hans«) Pflügler spielte sechs Jahre in der Jugend des FC Bayern, bevor er im Sommer 1981 zur Profimannschaft aufstieg. Pflügler, der im Defensivbereich flexibel einsetzbar war, bestritt bis zum Jahr 1995 insgesamt 371 Pflichtspiele für die erste Mannschaft des FC Bayern. Der Weltmeister von 1990 trug den Spitznamen »Rambo«. Die Entstehungsgeschichte zu diesem Spitznamen verriet Pflügler im Jahr 2010 dem Magazin *11Freunde*. Auf die Frage des Reporters, ob er sich schon mal bei einem Gegenspieler habe entschuldigen müssen, antwortete Pflügler: »Ja, bei (Torwart – Anm. d. Red.) Teddy de Beer. Wir haben daheim gegen Dortmund gespielt und waren im Rückstand. Ich bin zum Kopfball hochgegangen und habe de Beer mit der Hand getroffen.« Pflügler ergänzte: »Da gab es einen Riesenzirkus, mein Spitzname ›Rambo‹ ist damals entstanden. Aber ich habe mich bei ihm entschuldigt, wir sehen uns heute noch oft, und damit ist alles gut.«

»Münschen«

Alan McInally wechselte 1989 vom englischen Traditionsklub Aston Villa zum FC Bayern. Der Kultstürmer spielte vier Jahre für die Münchner und erzielte 14 Tore für den deutschen Rekordmeister. Von seinen Mitspielern in München wurde McInally liebevoll »Mac« gerufen. In England aber, wo McInally als Sportkommentator tätig ist, besitzt er aufgrund seiner Zeit in der bayerischen Landeshauptstadt den Spitznamen »Münschen«.

»Entlauber«

In seiner Heimat Kolumbien wurde der Stürmer Adolfo Valencia ehrfürchtig »El Tren« (Der Zug) genannt. In der Saison 1993/94 beim FC Bayern erzielte Valencia zwar elf Tore, viel öfter jedoch landete der Ball weit entfernt vom Ziel. Vor allem beim Training, wo er dem Baumbestand an der Säbener Straße mit seinen Fehlschüssen zusetzte. Franz Beckenbauer nannte ihm darum den »Entlauber«.

»Popeye«

Von 1996 bis 2002 ging Carsten Jancker für den FC Bayern auf Torjagd. Aufgrund seiner Statur – 1,93 Meter groß, Glatze, muskulös – wurde Jancker auch »Popeye« genannt. Der Spitzname bezieht sich auf die berühmte Comicfigur »Popeye«, einen Matrosen, der regelmäßig Spinat isst und dann besonders stark wird.

»Lutscher«

Defensivallrounder Torsten Frings gewann mit dem FC Bayern in der Saison 2004/05 das Double und erzielte fünf Tore in

45 Pflichtspielen für den deutschen Rekordmeister. Seinen Spitznamen »Lutscher« erhielt Frings in den 1990er-Jahren bei Werder Bremen. Als junger Spieler beleidigte Frings damals Superstar Andreas Herzog, nachdem dem österreichischen Routinier im Training ein Fehlpass unterlaufen war. Herzog konterte die Beleidigung offenbar mit dem Ausspruch: »Ey, Lutscher, was soll die Scheiße?« Die Bremer Teamkollegen fanden den Ausspruch lustig und gaben Frings fortan den Spitznamen »Lutscher«. Frings sagte im Jahr 2016 allerdings, dass er auf diesen Spitznamen nicht stolz sei und nicht mehr so genannt werden wolle.

»The Rock«

Zu den torgefährlichsten Abwehrspielern der Bundesliga zählte Daniel van Buyten, der von 2006 bis 2014 für den FC Bayern spielte und dabei 28 Pflichtspieltreffer verbuchte. Der Spitzname des Belgiers, »The Rock«, kombiniert wohl seine Arbeit als rigoroser Verteidiger (»Der Fels«) auf dem Spielfeld mit seiner persönlichen Familiengeschichte. Sein Vater Franz (bzw. Francis) van Buyten war professioneller Catcher. Zu den bekanntesten und erfolgreichsten Wrestlern aller Zeiten zählt Dwayne »The Rock« Johnson.

»Torero«

113 Tore in 174 Pflichtspielen erzielte Mario Gómez zwischen 2009 und 2013 für den FC Bayern. Wenn Gómez ein Tor geschossen

hatte, ahmte der Stürmer regelmäßig die Bewegung eines erfolgreichen Stierkämpfers nach, was ihm den Spitznamen »Torero« einbrachte. Der Spitzname sagt zugleich etwas über die Familiengeschichte von Gómez aus. Denn seine Mutter ist Deutsche, sein Vater stammt dagegen aus der spanischen Region Andalusien.

»Doktor Dante«

2012 verpflichtete der FC Bayern Dante von Liga-Rivale Borussia Mönchengladbach. Der Verteidiger entwickelte sich zum Leistungsträger und Publikumsliebling beim deutschen Rekordmeister. Seinen Spitznamen »Doktor Dante« brachte der Brasilianer aber bereits nach München mit. In der Saison 2010/11 trat Dante mit Gladbach gegen die TSG 1899 Hoffenheim an. In der Partie erhielt Dante in der 84. Spielminute einen bösen Tritt von Gegenspieler Peniel Mlapa. Sein Gesicht war danach blutverschmiert, sein Nasenbein gebrochen. Dante wartete nicht lange auf einen Arzt, sondern legte selbst Hand an. Der *Bild*-Zeitung beschrieb er seine Vorgehensweise: »Ich hatte Höllenschmerzen. Da habe ich den Knochen kurz mit den Händen selbst gerichtet. Es hat Knack gemacht und fühlte sich danach etwas besser an. Ich wollte unbedingt durchhalten.« »Doktor Dante« richtete quasi seine Nase selbst und spielte gegen Hoffenheim noch vier Minuten weiter, bis er in der 88. Minute doch ausgewechselt wurde.

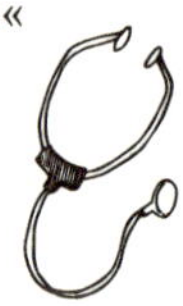

»Emil«

Robert Lewandowski verließ 2014 Borussia Dortmund, um beim FC Bayern zum Weltstar aufzusteigen. Die große Bekanntheit des Superstars hat manchmal Einschränkungen im Privatleben zur Folge. Doch Lewandowski versucht, sich mit manchem Trick ein bisschen mehr Freiheit auch im Privaten zu verschaffen. Wenn der Pole ungestört Zeit mit seinen Freunden verbringen will, lässt er sich von seinen Vertrauten mit einem anderen Namen rufen, um nach Möglichkeit unerkannt zu bleiben. »Zum Beispiel, wenn ich mit Freunden im Restaurant sitze. Dann reden und lachen wir, benutzen aber weder Robert noch Lewy. In der Situation bin ich dann einfach Emil«, verriet Lewandowski 2018 in einem Interview mit dem englischen *Guardian*. Lewandowski ergänzte: »Da dreht sich dann keiner um oder schaut in meine Richtung. Sollte doch jemand meinen, mich erkannt zu haben, und fragen, ob ich Robert Lewandowski sei, sage ich einfach: ›Sorry, das ist ein Fehler. Ich sehe nur wie er aus. Ich bin Emil, nicht Robert.‹«

»Koka«

Ivan Perišić kam 2019 als Leihgabe von Inter Mailand zum FC Bayern und gewann mit den Münchnern das Triple. Der Flügelstürmer wurde als Kind in seiner Heimat Kroatien »Koka« (»Hühnchen«) gerufen, weil er regelmäßig auf der Hühnerfarm seines Vaters mithalf.

»Radio Müller«

Dass Thomas Müller mitteilsam ist und gute Interviews gibt, wusste man schon immer. Noch mehr fielen seine kommunikativen Fähigkeiten in der Coronazeit auf, als keine oder nur wenige Zuschauer in die Stadien durften. An den Bildschirmen konnten die Fans mitverfolgen, wie Müller seine Kollegen dauerbeschallte. Die Trainer sagten: »Er coacht die Mitspieler.« Für die lief das Programm von »Radio Müller«.

»Bambi«

Jamal Musiala verließ 2019 die Jugend des FC Chelsea, um beim FC Bayern durchzustarten. Im Juni 2020 gab der Offensivakteur bereits sein Debüt in der Bundesliga. Musiala wird in München auch »Bambi« gerufen. Die Parallelen zwischen dem berühmten Rehkitz aus dem Disney-Film und dem im Februar 2003 geborenen Musiala erklärte Teamkollege Serge Gnabry einst auf einer Pressekonferenz der deutschen Nationalmannschaft: »Den Spitznamen hat er glaube ich von Leroy Sané bekommen, weil man bei seinen Bewegungen, die sehr, sehr flüssig sind, einen Zusammenhang erkennen kann. Er kommt immer an seinen Gegenspielern vorbei. Zudem ist er noch extrem jung und ein lieber, süßer Kerl.« Musiala selbst kann mit dem Spitznamen übrigens gut leben: »Ich finde es witzig. Und wenn man einen Spitznamen bekommt, zeigt es ja auch irgendwie, dass man im Team angekommen ist und von seinen Mitspielern akzeptiert wird.«

DER KAMPF UM DIE MEISTERSCHAFT

Herzschlagfinale mit Schalke – Eiltempo mit Guardiola und Heynckes

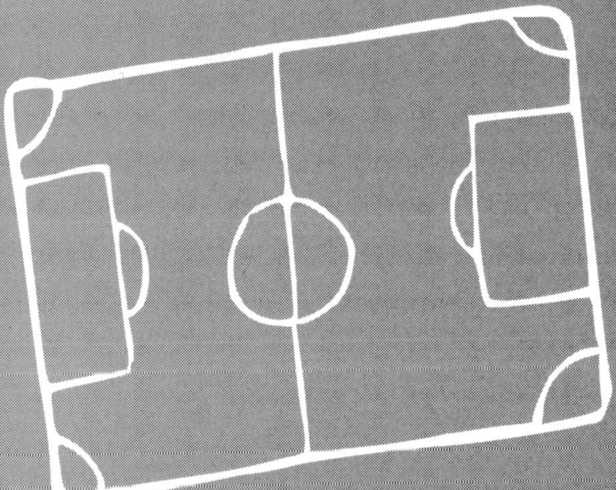

ALS DER 34. SPIELTAG MIT DEM FC BAYERN NOCH SPANNEND WAR

Es gibt zahlreiche legendäre Saisons des FC Bayern, die sich um den Kampf um die deutsche Meisterschaft drehen. Im Besonderen geht es nun um jene Spielzeiten, in denen das Rennen um die deutsche Meisterschaft am letzten Spieltag noch offen und zugleich der FC Bayern involviert war. Hier ein chronologischer Überblick:

1970/71: Gladbach fängt den FC Bayern ab

In der Saison 1970/71 standen der FC Bayern und Borussia Mönchengladbach vor dem letzten Spieltag punktgleich an der Tabellenspitze, allerdings besaßen die Münchner die bessere Tordifferenz (+40 vs. +39). Beide Teams traten am 34. Spieltag auswärts an, der FC Bayern beim MSV Duisburg, Borussia Mönchengladbach bei Eintracht Frankfurt. Der FC Bayern verlor in Duisburg mit 0:2, während die Gladbacher in Frankfurt mit 4:1 reüssierten. Die Meisterschale ging somit nach Gladbach.

1971/72: das perfekte Finale

Eine Saison später, 1971/72, kam es am letzten Spieltag zum Showdown zwischen dem Tabellenersten und Tabellenzweiten: Am 28. Juni 1972, einem Mittwochabend, feierte der FC Bayern Premiere im neuen Olympiastadion und empfing zugleich mit

Schalke 04 den ärgsten Rivalen um den Meistertitel. Die Münchner gingen in der Tabelle mit einem Punkt Vorsprung in das Duell und besiegten die Schalker letztendlich deutlich mit 5:1 – somit sicherte sich der FC Bayern, nach 1969, seine zweite deutsche Meisterschaft im Bundesligamodus.

1979/80: FC Bayern distanziert den HSV

In der Spielzeit 1979/80 lieferte sich der FC Bayern mit dem Hamburger SV ein enges Titelrennen. Der HSV als Titelverteidiger verlor am 33. Spieltag in Leverkusen mit 1:2, während die Münchner in Stuttgart 3:1 siegten. Mit zwei Punkten beziehungsweise einem Sieg Vorsprung und der um drei Treffer besseren Tordifferenz ging es in den letzten Spieltag. Der FC Bayern ließ gegen Eintracht Braunschweig nichts mehr anbrennen und gewann mit 2:1. Der 4:0-Sieg des HSV gegen Schalke 04 war damit Makulatur.

1984/85: FC Bayern setzt sich gegen Werder Bremen durch

In der Saison 1984/85 lautete der Titelrivale Werder Bremen. Der FC Bayern ging jedoch mit einem Sieg Vorsprung und der besseren Tordifferenz in den letzten Spieltag. Der FC Bayern siegte bei Eintracht Braunschweig mit 1:0, Werder Bremen verlor mit 0:2 bei Borussia Dortmund – die Meisterschale wurde somit an die Münchner überreicht.

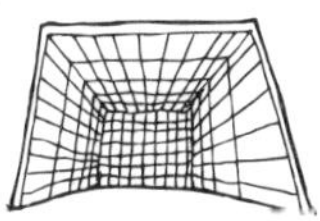

1985/86: FC Bayern verdrängt Werder Bremen noch von Platz eins

In der Spielzeit 1985/86 spitzte sich die Rivalität zwischen dem FC Bayern und Werder Bremen zu. Am vorletzten Spieltag gastierten die Münchner in Bremen. Werder besaß in der Tabelle zwei Punkte Vorsprung, allerdings das um zwei Treffer schlechtere Torverhältnis. Die Bremer vergaben kurz vor Schluss einen Elfmeter, die Partie endete 0:0. Der 34. Spieltag brachte dann die Entscheidung: Der FC Bayern fegte Borussia Mönchengladbach mit 6:0 vom Platz, Bremen patzte beim VfB Stuttgart und verlor mit 1:2. Beide Teams waren somit punktgleich, doch aufgrund des besseren Torverhältnisses (+51 vs. +42) konnte der FC Bayern seinen Meistertitel verteidigen.

1990/91: Kaiserslautern lässt FC Bayern abblitzen

In der Spielzeit 1990/91 duellierte sich der FC Bayern mit dem 1. FC Kaiserslautern um den Titel. Vor dem 34. Spieltag besaßen die Münchner einen Sieg Rückstand, konnten aber das deutlich bessere Torverhältnis aufweisen (+33 vs. +23). Allerdings wurden die Münchner Hoffnungen auf ein glückliches Saisonende schnell begraben. Der 1. FC Kaiserslautern gewann beim 1. FC Köln mit 6:2, während der FC Bayern nur 2:2 gegen Bayer 04 Uerdingen spielte.

1992/93: Werder Bremen glückt die Revanche für 1986

Zwei Saisons später, in der Spielzeit 1992/93, folgte die nächste Enttäuschung für den FC Bayern im Titelendspurt. Werder Bremen löste am 33. Spieltag die Münchner aufgrund des besseren Torverhältnisses von der Tabellenspitze ab. Die Bremer hatten 5:0 gegen den Hamburger SV gewonnen, der FC Bayern »nur« 3:1 gegen den VfL Bochum. Beide Teams waren vor dem 34. Spieltag punktgleich, aber die Bremer besaßen eine Torbilanz von +30, die Münchner eine von +29. Diesen Vorsprung brachten die Bremer über die Ziellinie. Werder siegte beim VfB Stuttgart mit 3:0, während es für den FC Bayern auf Schalke nur zu einem 3:3 reichte.

1993/94: FC Bayern lässt Kaiserslautern hinter sich

Eine Saison darauf, 1993/94, stand das nächste Bundesligafinale an. Der FC Bayern ging mit einem Punkt Vorsprung (und dem besseren Torverhältnis) auf den 1. FC Kaiserslautern in den letzten Spieltag. Mit einem 2:0-Erfolg über Schalke 04 machte der FC Bayern den Titel perfekt. Der 3:1-Sieg von Kaiserslautern beim Hamburger SV war damit unbedeutend.

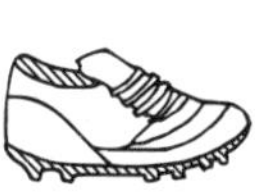

1999/2000: FC Bayern fängt Leverkusen ab

Das nächste spannende Saisonfinale für den FC Bayern folgte in der Saison 1999/2000. Bayer 04 Leverkusen reiste als Tabellenführer am letzten Spieltag zur Spielvereinigung Unterhaching an. Leverkusen mit Trainer Christoph Daum besaß in der Tabelle drei Punkte beziehungsweise einen Sieg Vorsprung auf den FC Bayern. Die Münchner spielten zugleich gegen Werder Bremen und konnten im Vergleich zu Leverkusen zumindest das um drei Treffer bessere Torverhältnis aufweisen. Es kam zur Sensation, denn Leverkusen verlor als haushoher Favorit in Unterhaching mit 0:2, während der FC Bayern die Bremer mit 3:1 besiegte – die Meisterschale blieb damit in München.

2000/01: Die »Mutter aller spannenden Bundesligafinals«

Die Saison 2000/01 gilt quasi als die »Mutter aller spannenden Bundesligafinals«, und der FC Bayern nahm dabei eine Hauptrolle ein. Der legendäre Verlauf in Kürze: Schalke 04, noch nie deutscher Meister im Bundesligamodus, vergab im Saisonfinale einige Matchbälle. Bereits am 33. Spieltag wurde es dramatisch. Der FC Bayern erzielte in letzter Minute den 2:1-Siegtreffer gegen den 1. FC Kaiserslautern, während nahezu zeitgleich Schalke beim VfB Stuttgart das 0:1 kassierte und als Verlierer vom Platz ging. Der FC Bayern war damit vor dem 34. Spieltag

Tabellenführer mit drei Punkten Vorsprung auf Schalke, allerdings besaßen die Königsblauen das um drei Treffer bessere Torverhältnis (+28 vs. +25). Der FC Bayern gastierte nun beim Hamburger SV, Schalke empfing zu Hause die Spielvereinigung Unterhaching. Schalke lag 0:2 und 2:3 gegen Unterhaching zurück, konnte aber die Partie im Schlussspurt in einen 5:3-Erfolg umbiegen. Der FC Bayern musste dagegen in der 90. Spielminute das 0:1 in Hamburg hinnehmen, die deutsche Meisterschaft galt damit als verloren. Auf Schalke wurde bereits gejubelt, denn ein Reporter hatte die Fehlinformation in die Welt gesetzt, das Spiel in Hamburg sei bereits beendet. Doch der FC Bayern erhielt in der Nachspielzeit gegen den HSV noch einen indirekten Freistoß. Diesen nutzten die Münchner zum 1:1-Ausgleichstreffer, womit die Meisterschale in ihren Händen blieb.

2001/02: Dreikampf um den Meistertitel

In der Saison 2001/02 kam es erneut zu einem spannenden Saisonfinale mit Beteiligung des FC Bayern. Allerdings befanden sich die Münchner diesmal nur in der Außenseiterrolle. Borussia Dortmund führte nach dem 33. Spieltag die Tabelle mit 67 Punkten vor Bayer Leverkusen (66) und dem FC Bayern (65) an. Alle Titelanwärter gewannen ihre Partien – Dortmund siegte gegen Bremen 2:1, Leverkusen gegen Hertha BSC 2:1 und der FC Bayern 3:2 gegen Hansa Rostock –, weshalb der BVB sich den Meistertitel sicherte.

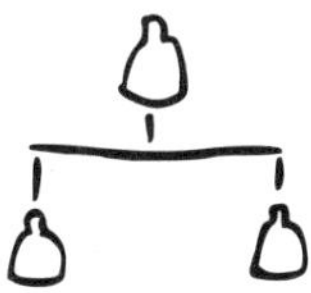

2008/09: Der VfL Wolfsburg überrascht den FC Bayern

Turbulent verlief die Saison 2008/09 für den FC Bayern, unter anderem wurde im April 2009 Startrainer Jürgen Klinsmann entlassen. Jupp Heynckes führte als Interimscoach die Saison der Münchner zu Ende. Der 33. Spieltag brachte dabei eine Vorentscheidung im Titelkampf. Die Münchner spielten bei der TSG 1899 Hoffenheim nur 2:2, während der VfL Wolfsburg mit 5:0 bei Hannover 96 gewann. Die Niedersachsen gingen dadurch mit zwei Punkten Vorsprung und dem besseren Torverhältnis (+35 vs. +28) in den letzten Spieltag. Wolfsburg besiegte in der Folge Werder Bremen mit 5:1, der FC Bayern gewann gegen den VfB Stuttgart mit 2:1 – so feierten die Wolfsburger mit Ex-Bayern-Coach Felix Magath erstmals den Gewinn der deutschen Meisterschaft.

2009/10: Meistertitel nur Formsache für den FC Bayern

In der Saison darauf, 2009/10, gab es am letzten Spieltag dagegen nur noch eine theoretische Möglichkeit, den FC Bayern von Platz eins abzufangen. Die Münchner wiesen in der Tabelle drei Punkte und 17 Tore Vorsprung auf Schalke 04 auf, mit einem 3:1-Sieg bei Hertha BSC machten die Münchner den Titel perfekt.

2018/19: FC Bayern hält BVB auf Abstand

Vor dem 34. Spieltag besaß der FC Bayern als Tabellenführer zwei Zähler Vorsprung auf Borussia Dortmund. Hinzu kam eine um 17 Treffer bessere Torbilanz. Der BVB gewann zwar am letzten Spieltag bei Borussia Mönchengladbach mit 2:0, aber da der FC Bayern sein Heimspiel gegen Eintracht Frankfurt mit 5:1 für sich entschied, ging die Meisterschale nach München.

2022/23: Das Glück des Dortmunder Patzers

Nach dem 33. Spieltag schien alles gegen die Bayern gelaufen, sie hatten zu Hause gegen Leipzig verloren, Dortmund in Augsburg gewonnen. Der BVB hatte zwei Punkte mehr und musste »nur noch« sein Heimspiel gegen Mainz gewinnen. Die ganze Stadt brummte in Erwartung der Meisterparty, doch dem Team versagten die Nerven, es spielte 2:2. Die Bayern mühten sich derweil in Köln ab, eine frühe Führung entglitt ihnen. Jamal Musiala erzielte in der 89. Minute das 2:1, wodurch die Münchner den Titel doch noch verteidigten, da bei Punktgleichheit mit Dortmund die Tordifferenz für sie sprach. In Erinnerung blieb der Tag allerdings nicht nur wegen des sportlichen Happy Ends, sondern weil in der Schlussphase der Partie durchsickerte, dass der FC Bayern seine Chefs Oliver Kahn und Hasan Salihamidžić entlassen würde.

Die Bilanz: In 15 Saisons hatte der FC Bayern am letzten Spieltag noch die Chance auf die deutsche Meisterschaft. In 10 dieser 15 Saisons wurde er am Ende deutscher Meister.

Insbesondere: In 8 dieser 14 Bundesligafinals ging der FC Bayern als Tabellenführer ins Rennen. In 7 dieser 8 Saisons brachten die Münchner den Vorsprung dann auch über die Ziellinie und wurden deutscher Meister. Nur 1970/71 ging der Titel noch an Borussia Mönchengladbach.

Allerdings: Wenn der FC Bayern in den erwähnten Saisonfinals nicht nach dem 33. Spieltag Tabellenführer war, klappte der Titelcoup nur selten. Siebenmal waren die Münchner formal der Außenseiter, nur dreimal gelang dann doch noch der Gewinn der deutschen Meisterschaft: 1985/86, 1999/2000 und 2022/23.

Titelkampf am 34. Spieltag mit Beteiligung des FC Bayern

Saison	Konkurrent	Platz 1 nach 33. Spieltag	Deutscher Meister
1970/71	Gladbach	FC Bayern	Gladbach
1971/72	Schalke	FC Bayern	FC Bayern
1979/80	Hamburg	FC Bayern	FC Bayern
1984/85	Bremen	FC Bayern	FC Bayern
1985/86	Bremen	Bremen	FC Bayern
1990/91	Kaiserslautern	Kaiserslautern	Kaiserslautern
1992/93	Bremen	Bremen	Bremen

1993/94	Kaiserslautern	**FC Bayern**	**FC Bayern**
1999/00	Leverkusen	Leverkusen	**FC Bayern**
2000/01	Schalke	**FC Bayern**	**FC Bayern**
2001/02	Dortmund, Leverkusen	Dortmund	Dortmund
2008/09	Wolfsburg	Wolfsburg	Wolfsburg
2009/10	Schalke	**FC Bayern**	**FC Bayern**
2018/19	Dortmund	**FC Bayern**	**FC Bayern**
2022/23	Dortmund	Dortmund	**FC Bayern**

DIE SCHNELLSTEN MEISTERSCHAFTEN ALLER ZEITEN

Ganz im Kontrast zu den spannendsten Bundesligasaisons stehen die deutschen Meisterschaften, bei denen die Entscheidung schon deutlich vor dem letzten Spieltag fiel. Bis 2023 hielt der FC Bayern die Top-Sechs-Marken in der Bundesligahistorie, 2024 wurde dann Bayer Leverkusen im Bayern-Stil Meister – am 29. Spieltag.

Geteilter Platz vier: dreimal 30. Spieltag

Dreimal stand der FC Bayern bereits am 30. Spieltag als deutscher Meister fest.

In der Saison 1972/73 gewann der FC Bayern unter der Leitung von Trainer Udo Lattek sein Heimspiel gegen den 1. FC Kaiserslautern mit 6:0. Danach besaßen die Münchner nach der

Zwei-Punkte-Regel 11 Zähler Vorsprung auf den 1. FC Köln und Borussia Mönchengladbach und waren deutscher Meister.

Auch in der Saison 2002/03, mit Coach Ottmar Hitzfeld, waren die Münchner nach dem 30. Spieltag deutscher Meister. Dazu reichte ein 2:0-Erfolg beim VfL Wolfsburg aus.

Ebenfalls am 30. Spieltag den Titel holte der FC Bayern in der Saison 2014/15. Mit Trainer Pep Guardiola gab es zunächst einen 1:0-Sieg über Hertha BSC. Am Tag darauf verlor Verfolger VfL Wolfsburg mit 0:1 bei Borussia Mönchengladbach.

Platz drei: 29. Spieltag

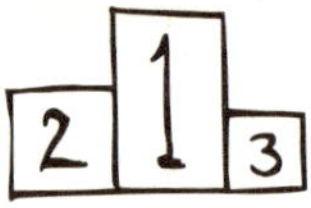

Bereits am 7. April 2018 stand der FC Bayern in der Saison 2017/18 als deutscher Meister fest. Trainer Jupp Heynckes, der die Mannschaft während der Saison nochmals übernommen hatte, brachte den deutschen Rekordmeister im Eiltempo wieder auf Titelkurs. Ein 4:1-Sieg beim FC Augsburg am 29. Spieltag sicherte dem FC Bayern erneut die Meisterschaft.

Platz zwei: 28. Spieltag

Auch Platz zwei im Schnellste-Meisterschaft-Ranking geht an Trainer Jupp Heynckes und den FC Bayern. In der Saison 2012/13 reichte den Münchnern am 6. April 2013, dem 28. Bundesliga-Spieltag, ein 1:0-Sieg bei Eintracht Frankfurt aus, um bei Rivale Borussia Dortmund den Traum vom dritten Meistertitel in Folge vorzeitig platzen zu lassen.

Platz eins: 27. Spieltag

Den All-Time-Rekord hält der FC Bayern gemeinsam mit Trainer Pep Guardiola. Die Bestmarke stammt aus der Spielzeit 2013/14. Guardiola feierte in seiner ersten Saison in München bereits am 27. Spieltag den Gewinn der deutschen Meisterschaft! Dazu reichte am 25. März 2014 ein 3:1-Sieg bei Hertha BSC aus. Nie wurde eine Mannschaft in der Bundesliga – gemessen an der Anzahl der Spieltage – noch früher deutscher Meister!

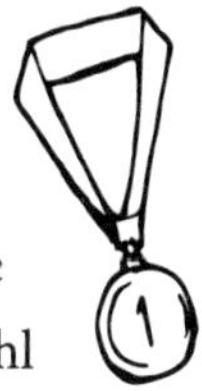

Die sieben frühesten Meister der Bundesligahistorie

Saison	Spieltag	Deutscher Meister	Trainer	Vorentscheidendes Spiel
2013/14	27.	FC Bayern	Pep Guardiola	Hertha BSC – FC Bayern (1:3)
2012/13	28.	FC Bayern	Jupp Heynckes	E. Frankfurt – FC Bayern (0:1)
2017/18	29.	FC Bayern	Jupp Heynckes	FC Augsburg – FC Bayern (1:4)
2023/24	29.	Leverkusen	Xabi Alonso	Leverkusen – Bremen (5:0)
2014/15	30.	FC Bayern	Pep Guardiola	FC Bayern – Hertha BSC (1:0)
2002/03	30.	FC Bayern	Ottmar Hitzfeld	VfL Wolfsburg – FC Bayern (0:2)
1972/73	30.	FC Bayern	Udo Lattek	FC Bayern – 1. FC K'lautern (6:0)

DIE PUNKTBESTEN MEISTER ALLER ZEITEN

Neben dem schnellsten Meister aller Zeiten hat der FC Bayern auch in der Kategorie der punktbesten Meister aller Zeiten Bestmarken aufgestellt. Allerdings: Auch hier hat sich 2023/24 Bayer Leverkusen eingemischt.

Geteilter Platz fünf: 82 Punkte

In der Saison 2016/17 holte der FC Bayern mit Trainer Carlo Ancelotti souverän die deutsche Meisterschaft. 25 Siege, 7 Remis und nur 2 Niederlagen bedeuteten in Summe 82 Zähler auf dem Punktekonto.

Auch in der Saison 2019/20 wies der FC Bayern am Ende als deutscher Meister 82 Punkte auf. 18 Zähler davon gingen noch auf das Konto von Trainer Niko Kovac. Dieser wurde aber nach einer 1:5-Pleite bei Eintracht Frankfurt am 10. Spieltag entlassen. Hansi Flick wurde vom Co- zum Cheftrainer befördert und holte die restlichen 64 Zähler, die dann in Summe zum Titelgewinn ausreichten.

Platz vier: 84 Punkte

In der Spielzeit 2017/18 wurde der FC Bayern mit 84 Punkten deutscher Meister. Formal sammelten drei Coaches die Punkte. Zunächst Carlo Ancelotti, der bis zum 6. Spieltag 13 Punkte geholt hatte. Nach seiner Entlassung war Co-Trainer Willy Sagnol für ein 2:2 bei Hertha BSC verantwortlich. Ab dem 8. Spieltag übernahm dann Jupp Heynckes die Führung der Bayern-Mannschaft.

Platz drei: 88 Punkte

In der Saison 2015/16 errang Trainer Pep Guardiola mit dem FC Bayern mit 88 Punkten die deutsche Meisterschaft. 28 Siege, 4 Remis und nur 2 Niederlagen bestückten am Ende der Saison die eindrucksvolle Bilanz.

Platz zwei: 90 Punkte

Guardiolas Bestmarke glückte ihm allerdings mit dem FC Bayern zwei Saisons zuvor. In der Spielzeit 2013/14 standen am Ende sogar 90 Zähler auf dem Konto. Das 0:3 bei Borussia Dortmund am 30. Spieltag sorgte dafür, dass Guardiola knapp daran scheiterte, die absolute Rekordmarke des FC Bayern zu übertreffen. 90 Punkte spielte 2023/24 auch Leverkusen ein – ohne eine einzige Niederlage.

Platz eins: 91 Punkte

Den historischen Bundesligarekord von 91 Punkten stellte der FC Bayern in der Saison 2012/13 unter der Leitung von Trainer Jupp Heynckes auf. 29 Siege, 4 Remis und nur 1 Niederlage setzten im Jahr des ersten Triple-Gewinns Maßstäbe.

Die punktbesten Bundesliga-Meister aller Zeiten

Saison	Mannschaft	Trainer	Punkte	Torverhältnis
2012/13	FC Bayern	Jupp Heynckes	91	98 : 18
2013/14	FC Bayern	Pep Guardiola	90	94 : 23
2023/24	Leverkusen	Xabi Alonso	90	89 : 24
2015/16	FC Bayern	Pep Guardiola	88	80 : 17
2017/18	FC Bayern	Carlo Ancelotti / Jupp Heynckes	84	92 : 28
2019/20	FC Bayern	Niko Kovac / Hansi Flick	82	100 : 32
2016/17	FC Bayern	Carlo Ancelotti	82	89 : 22

DER FC BAYERN IN ABSTIEGSGEFAHR!

Der FC Bayern spielt meist um Titel, nur selten gab es in der Bundesliga Schwächephasen oder sogar Krisen, in denen der Blick kurzzeitig auch mal Richtung Tabellenkeller gehen musste. Im Folgenden einige Statistiken, über die heutzutage wohl die meisten Fans des FC Bayern nur noch schmunzeln können.

Nur drei Mal landete der FC Bayern in seiner Bundesligageschichte am Saisonende auf einem zweistelligen Tabellenplatz.

1977/78 schloss der FC Bayern die Saison auf Tabellenplatz zwölf ab – in dieser Hinsicht Vereins-Negativrekord für die Münchner.

In den Saisons 1974/75 und 1991/92 (mit 20 Teams nach der deutschen Wiedervereinigung) wurde der FC Bayern jeweils nur Tabellenzehnter.

Die Gründe für die »Horror-Saisons«

Für alle drei »Horror-Saisons« gibt es allerdings Erklärungen:

1974/75 hatten die meisten Bayern-Stars unglaubliche Erfolge hinter sich, unter anderem von 1972 bis 1974 drei deutsche Meisterschaften in Folge, der erstmalige Gewinn des Landesmeistercups 1974 und kurz danach der Triumph bei der Heim-WM 1974. Die Profis waren mental und körperlich extrem beansprucht, hinzu kam, dass Spieler wie Verein durch gut bezahlte Freundschaftsspiele im Ausland die Kasse aufbessern wollten und mussten.

1977/78 befand sich die Mannschaft im Umbruch, nahezu alle Altstars waren weg oder steckten in den Endphasen ihrer Karriere. Es war zudem die erste Saison ohne Superstar Franz Beckenbauer, der zu Cosmos New York gewechselt war.

Auch 1991/92 kam viel zusammen. Nach Jahren des Erfolgs auf nationaler Ebene, aber auch immer wieder knapp verpasster Chancen, den Europacup der Landesmeister erstmals nach 1976 wieder zu gewinnen, gerieten die Münchner in ein sportliches Tief, das bereits mit der knapp verpassten Meisterschaft 1990/91 begonnen hatte. Erfolgstrainer Jupp Heynckes wurde Anfang Oktober 1991 entlassen, danach brauchte es seine Zeit, bis der deutsche Rekordmeister wieder in die Spur fand.

Der FC Bayern ist seit seiner Bundesliga-Zugehörigkeit 1965/66 noch nie aus der Bundesliga abgestiegen. Musste er sich aber mal während einer Saison Gedanken um den Abstiegskampf machen? Ja!

Die Saison 1974/75 kann man dabei ausblenden, nur nach dem 21. Spieltag war es kurzzeitig für den FC Bayern nach unten hin noch mal eng geworden. Nach der 0:1-Niederlage beim 1. FC Köln lagen die Münchner auf Tabellenplatz 14 mit nur drei Punkten Vorsprung auf Abstiegsplatz 16. Doch mit danach fünf Spielen ohne Niederlage (drei Siege, zwei Remis) war für die Münchner der Abstiegskampf kein Thema mehr.

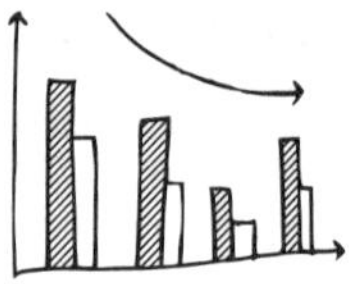

»Abstiegskrimi« gegen Duisburg und Wattenscheid

Anders stellte sich die Situation in der Saison 1977/78 dar, als der FC Bayern nach dem 16. Spieltag auf Abstiegsplatz 16 lag. Daraufhin wurde Erfolgscoach Dettmar Cramer – er gewann mit den Münchnern 1975 und 1976 den Landesmeistercup – entlassen. Das Traineramt übernahm der Ungar Guyla Lóránt, der mit einem 4:2-Erfolg über den 1. FC Kaiserslautern startete, wodurch der FC Bayern sich zum Abschluss der Hinrunde doch noch von einem Abstiegsplatz entfernen konnte. Dennoch zog sich das Thema Abstiegskampf bis zum Saisonende hin. Am 26. Spieltag betrug der Abstand zu Rang 16 nur einen Sieg – und erst am 31. Spieltag wurde mit einem 3:2-Erfolg über den MSV Duisburg formal der Klassenerhalt gesichert.

Auch 1991/92 flammten immer mal wieder Sorgen um den Klassenerhalt auf. Zwei Trainerentlassungen waren die Folge. Auf Jupp Heynckes folgte im Oktober 1991 Sören Lerby, auf Lerby im März 1992 Erich Ribbeck. Durch die deutsche Wiedervereinigung spielten 20 Mannschaften in der Bundesliga, es gab 38 Spieltage.

Am 35. Spieltag kam es quasi zum »Abstiegskrimi« zwischen dem FC Bayern und der SG Wattenscheid 09. Die Münchner besaßen nach damaliger 2-Punkte-Regel in der Tabelle nur drei Zähler Vorsprung auf die auf Platz 15 bis 17 platzierten Wattenscheid 09, Hansa Rostock und VfL Bochum. Eine Heimniederlage gegen Wattenscheid hätte endgültig Panik beim Rekordmeister ausgelöst, doch es glückte ein Befreiungsschlag: Der FC Bayern gewann mit 5:2 und entledigte sich damit der größten Abstiegssorgen. Am 36. Spieltag folgte dann formal der Klassenerhalt für die Münchner, auch wenn sie mit 1:2 bei Bayer 04 Leverkusen verloren hatten.

FOREVER NUMBER ONE?

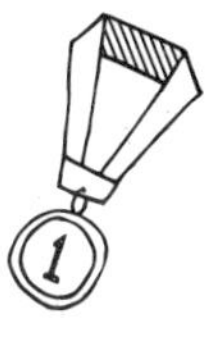

1992 veröffentlichten Andrew White und Harald Reitinger die erste große FC-Bayern-Hymne: »FC Bayern – Forever Number One«! Wie passend, meinten damals zahlreiche FC-Bayern-Fans. Denn die Bundesligasaison 1992/93 lief für den FC Bayern über weite Strecken sehr gut. Vom 1. bis zum 32. Spieltag führten die Münchner die Tabelle durchgehend an. Doch dann folgte der Schock: Werder Bremen überholte den FC Bayern am 33. Spieltag in der Tabelle durch ein besseres Torverhältnis – und am 34. Spieltag machten die

Bremer mit einem Sieg in Stuttgart die Meisterschaft perfekt. Die Bayern-Hymne entwickelte sich dennoch zum Nummer-eins-Hit unter den Fans – und das Kunststück, vom 1. bis zum 34. Spieltag die Tabelle anzuführen und dann auch die Meisterschale zu holen, das gelang den Münchnern in vier anderen Spielzeiten:

- Erstmals glückte dem FC Bayern der Coup in der Saison 1972/73. Die Mannschaft von Trainer Udo Lattek führte vom 1. bis zum 34. Spieltag sehr souverän die Bundesliga an.
- Auch beim zweiten Mal, als dieses Kunststück in der Saison 1984/85 gelang, coachte Udo Lattek den FC Bayern.
- Das dritte Mal war in der Saison 2007/08. Damals war Ottmar Hitzfeld zum zweiten Mal Trainer des FC Bayern.
- Der vierte Streich glückte in der Saison 2012/13, als die Mannschaft von Trainer Jupp Heynckes das Triple gewann.

Kleine Einschränkung: In diesen vier Saisons war der FC Bayern zwar an jedem Spieltag Tabellenführer, doch in jeder dieser Spielzeiten musste er dennoch Niederlagen hinnehmen. 1972/73 und 1984/85 waren es jeweils fünf Pleiten, 2007/08 waren es zwei und 2012/13 eine Niederlage.

Das Kunststück, eine Bundesligasaison ganz ohne Niederlage zu überstehen, hat der FC Bayern noch nicht vollbracht. Das blieb 2023/24 Leverkusen vorbehalten. Die Topwerte des FC Bayern in dieser Kategorie stammen aus der Saison 1986/87 und 2012/13, die jeweils nur mit einer Niederlage und der deutschen Meisterschaft abgeschlossen wurden.

VON 20 000 AUF 75 000 STADIONBESUCHER

Wie der FC Bayern sich zum Publikumsmagneten entwickelt hat

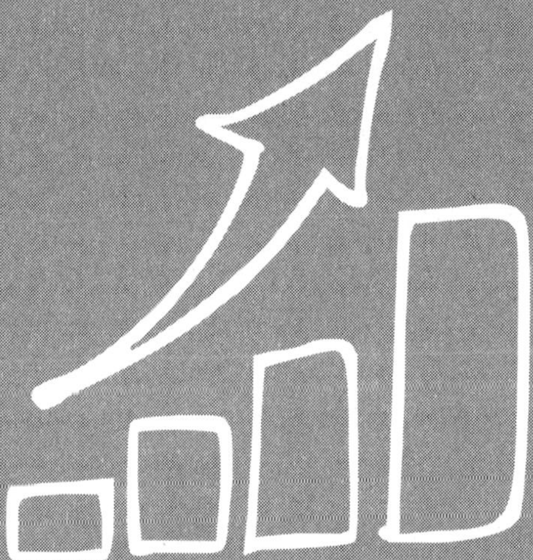

Der FC Bayern gilt als Publikumsmagnet. Die Corona-Pandemie außen vorgelassen, ist die Münchner Allianz Arena stets ausverkauft. Allerdings: Das Fassungsvermögen der Allianz Arena (75 024 Zuschauer) ist im Vergleich zum Stadion von Borussia Dortmund (Signal Iduna Park; 81 365 Zuschauer) geringer, weshalb der FC Bayern in der Zuschauertabelle der Bundesliga zuletzt regelmäßig nur Platz zwei belegte. Insbesondere vor der Jahrtausendwende ist ein Auf und Ab beim Zuschaueraufkommen zu beobachten – aus nachvollziehbaren Gründen.

Die gemeinsame Zeit mit 1860 München im Grünwalder Stadion

Mit dem Bundesligaaufstieg 1965 spielte der FC Bayern gemeinsam mit dem TSV 1860 München im Grünwalder Stadion im Münchner Stadtbezirk Untergiesing-Harlaching. Das Fassungsvermögen von anfänglich rund 44 000 Zuschauern lag weit hinter dem der Stadien einiger Konkurrenten wie Berlin, Stuttgart und Hannover, weshalb eine Topplatzierung in der Zuschauertabelle zunächst schwer zu erreichen war. Allerdings konnte der sportliche Erfolg oder Misserfolg damals noch sehr deutlich das Zuschaueraufkommen beeinflussen. Bereits Ende der 1960er-Jahre nahm die Besucherzahl beim FC Bayern zu, während andere Klubs mit großen Stadien in eine Krise stürzten. Mit der ersten Bundesliga-Meisterschaft 1969 verzeichnete der FC Bayern auch einen ersten Achtungserfolg bei den Zuschauerzahlen. Mit im Schnitt 25 178 Besuchern erreichten die Münchner Platz drei im Zuschauerranking.

Zwei Spielzeiten zuvor gab es dagegen das historische Negativergebnis zu verzeichnen: Der FC Bayern belegte in der Saison 1966/67 im Zuschauerranking nur Platz 15, der Schnitt lag bei 20 122 Besuchern. In der Bundesligatabelle war immerhin der sechste Platz herausgesprungen.

Umzug ins Olympiastadion als Turbo-Boost

Der Turbo-Boost für den FC Bayern in Sachen Zuschauer wurde im Jahr 1972 gezündet, als die Roten in das neue Olympiastadion einziehen durften. Am letzten Spieltag der Saison 1971/72 feierten die Münchner im »Oly« ihre Premiere vor 79 012 Fans beim Duell gegen Titelrivale Schalke 04. Die Partie endete 5 : 1, wodurch sich der FC Bayern nicht nur die Meisterschaft sicherte, sondern erstmals auch Platz eins im Zuschauerranking. Der Schnitt der Münchner lag bei 27 791 Besuchern pro Partie. In der Saison darauf verteidigte der FC Bayern den Titel sowohl in der Bundesliga als auch im Zuschauerranking. Erstmals knackte der FC Bayern dabei die Marke von durchschnittlich 30 000 Besuchern pro Partie (30 380).

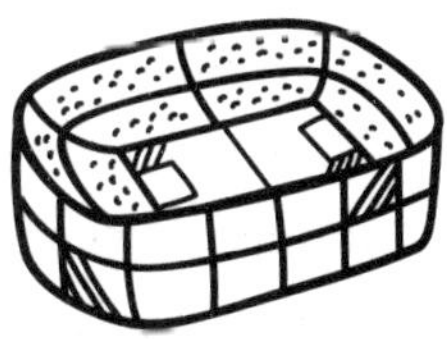

Doch nach einem kurzen Hype um das Olympiastadion flachten die Besucherzahlen ab, vor allem durch sportlich schwächere Leistungen in der Bundesliga. Hinzu kamen mit Dortmund und Schalke weitere Traditionsklubs, die ihre Stadien neu gebaut hatten und nun dem FC Bayern auch bei den Besucherzahlen Paroli bieten konnten.

Der Zuschauer-Run auf den »FC Hollywood«

Die Erfolgsphasen Anfang und Mitte der 1980er-Jahre bescherten dem FC Bayern einen Aufschwung bei den Zuschauerzahlen. Deutlich bergauf ging es aber erst wieder in den 1990er-Jahren, als der Rekordmeister sich mit Bremen und Dortmund enge Duelle um die Meisterschaft lieferte und der Klub sich immer mehr mit nationalen und internationalen Stars verstärkte. Der »FC Hollywood« bot mit seinen hochangesehenen Trainern und Spielern auf und außerhalb des Platzes viel Spektakel, auch wenn die Münchner die Meisterschale damals noch nicht fest gebucht hatten. In der Saison 1992/93 durchbrach der FC Bayern bei den Besucherzahlen die 40 000er-Marke (46 036). Zwei Spielzeiten später fiel auch die 50 000er-Marke (54 839). Kurios: Sowohl 1993 (2.) als auch 1995 (6.) wurde der FC Bayern nicht deutscher Meister.

Mit dem konstanten Erfolg in der Bundesliga und dem Umzug in die Allianz Arena 2005 war dann der Grundstein gelegt für ein verlässlich ausverkauftes Stadion. Gerüchten zufolge soll Ex-Präsident Franz Beckenbauer einst sogar vorgeschlagen haben, die Allianz Arena auf 100 000 Zuschauer anzulegen. Doch andere Funktionäre hielten diesen Plan offenbar für zu gewagt.

Auch die 70 000-Zuschauer-Marke wurde geknackt

In der Saison 2005/06 spielte der FC Bayern erstmals in der Allianz Arena, das Fassungsvermögen lag zu Beginn bei 66 000 Zuschauern. Bereits in der ersten Saison gab es eine Erweiterung um rund 4000 Sitze, mit der Folge, dass der erste Saisonschnitt in der Allianz Arena bei 66 412 Besuchern pro Partie lag. Es war zugleich das erste Mal, dass der FC Bayern einen Zuschauerschnitt von über 60 000 Besuchern verbuchen konnte.

Im Laufe der Jahre wurde die Kapazität der Arena weiter erhöht, heute sind 75 024 Zuschauer bei einer Bundesligapartie zugelassen. In der Saison 2012/13, als der FC Bayern erstmals das Triple gewann, verzeichnete der Verein zugleich das erste Mal einen 70 000er-Saisonschnitt (71 103).

SO OFT GEWANN DER FC BAYERN DAS ZUSCHAUERRANKING

Insgesamt gewann der FC Bayern in 14 Bundesligasaisons das Zuschauerranking und wies den höchsten Besucherschnitt pro Partie auf. Auffällig: Nur in 8 dieser 14 Spielzeiten (57 Prozent) wurde der FC Bayern zugleich deutscher Meister.

Hier eine tabellarische Übersicht, wann der FC Bayern Zuschauerkrösus in der Bundesliga war. Grundlage sind Daten des Sportmagazins *kicker*.

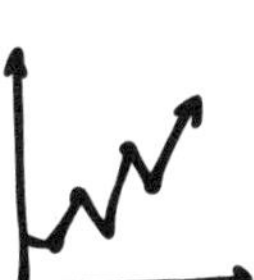

Siege des FC Bayern im Bundesliga-Zuschauerranking

Zeitraum: Saisons 1963/64 bis 2018/19, Datengrundlage: *kicker*

Sieg im Zuschauer-ranking	Zuschauerdurchschnitt	Platz in der BL-Tabelle
1971/72	27 791	1.
1972/73	30 380	1.
1979/80	38 056	1.
1980/81	36 589	1.
1982/83	30 834	4.
1984/85	32 508	1.
1986/87	36 934	1.
1990/91	34 950	2.
1992/93	46 036	2.
1993/94	48 878	1.
1994/95	54 839	6.
1995/96	59 766	2.
1996/97	58 391	1.
1997/98	54 286	2.

Im All-Time-Zuschauerranking belegt der FC Bayern mit seinen 14 Triumphen nur Platz zwei. Zuschauerkrösus ist Borussia Dortmund mit 26 Erfolgen. Der FCB ist in dieser Kategorie seit über 20 Jahren titellos, im neuen Jahrtausend holte stets Borussia

Dortmund die meisten Zuschauer ins (größere) Stadion. Der VfB Stuttgart nimmt mit vier Triumphen Platz drei ein. Hertha BSC und Schalke 04 teilen sich den vierten Platz mit jeweils drei Siegen im Zuschauerranking.

Dortmund ist Rekordmeister im BL-Zuschauerranking

Zeitraum: Saisons 1963/64 bis 2023/24 (Saison 2020/21 ausgeklammert), Datengrundlage: *kicker*

Platz	Verein	Siege im BL-Zuschauer-ranking
1.	Borussia Dortmund	30
2	**FC Bayern München**	**14**
3.	VfB Stuttgart	4
4.	Schalke 04	3
4.	Hertha BSC	3

Allerdings geriet während der Coronapandemie die Zuschauertabelle in Schieflage. Die Saison 2019/20 wurde im März 2020 nach 25 Spieltagen unterbrochen und erst Mitte Mai unter vollständigem Ausschluss von Besuchern wieder aufgenommen. Das darauffolgende Spieljahr 2020/21 sah die Bayern im Zuschauerranking gar auf dem letzten Platz. Schnitt: 125 – wie bei einem Dorfverein. Über die Zulassung von Menschen im Stadion ent schieden die Städte aufgrund der Inzidenzen immer kurzfristig. Auch die Landesregierungen waren teils sehr restriktiv. Im nordrhein-westfälischen Dortmund durften dreimal 7033 Karten verkauft werden, sodass der BVB unter den Umständen einer schweren Krise des ganzen Landes erneut Platz eins belegte. Allerdings: Voll werten kann man diese Saison wahrlich nicht.

Auch die Saison 2021/22 war noch von Corona betroffen, die Stadionkapazitäten waren weiter eingeschränkt, damit die Menschen voneinander Abstand halten konnten. Anfangs waren auch keine Gästefans zugelassen, und Ultra-Gruppierungen verzichteten auf das Stadionerlebnis, solange es nicht allen möglich war. Der FC Bayern kam auf einen Schnitt von 40 143 Personen und lag wieder mal knapp hinter Dortmund (41 800). Mit der Saison 2022/23 kehrte der Fußballbetrieb in den Normalmodus zurück.

DIE »RETTERSPIELE« DES FC BAYERN

Wie der FCB Traditionsvereinen hilft, die in höchster Not sind

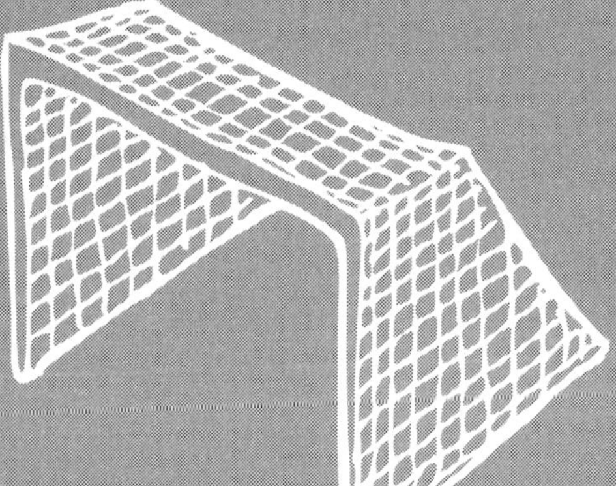

Der FC Bayern polarisiert und erntet bei Gastspielen oftmals großen Hass der gegnerischen Fans. Manchmal aber haben auch die gegnerischen Fans den deutschen Rekordmeister liebgewonnen – vor allem dann, wenn die Münchner mal wieder einem Traditionsverein durch ein Freundschaftsspiel aus der finanziellen Misere helfen.

HOENESS TRÄGT »RETTER-T-SHIRT« DES FC ST. PAULI

Besonders bekannt geworden sind die »Retterspiele« des FC Bayern im Jahr 2003. Damals stand der FC St. Pauli als Drittligist vor der Pleite. Um die Drittligalizenz noch zu erhalten, musste der Klub eine Sicherheit von rund 1,9 Millionen Euro rasch auftreiben. Der FC Bayern mit Manager Uli Hoeneß erklärte sich deshalb bereit, im Juli 2003 ein Freundschaftsspiel bei den Hamburgern zu absolvieren – ohne Antrittsgage. Zudem kamen die Zuschauereinnahmen dem FC St. Pauli zugute, der Verein verkaufte darüber hinaus »Retter-T-Shirts«. Eines davon trug auch Uli Hoeneß. So kamen für St. Pauli einige Hunderttausend Euro zusammen, die letztendlich dabei halfen, den Zwangsabstieg abzuwenden.

Dass die Münchner den einstigen »Klassenfeind« unterstützten, fand überregional großen Zuspruch. Dabei hatte der FC Bayern im Winter 2001/02 als amtierender Champions-League-Sieger und Weltpokalgewinner in der Bundesliga noch 1:2

auf St. Pauli verloren und nach der Pleite deutschlandweit große Häme einstecken müssen. St. Pauli druckte damals T-Shirts mit der Aufschrift »Weltpokalsiegerbesieger«. Umso größer wirkte die Geste des FC Bayern 2003. Fortan erhielt der deutsche Rekordmeister in regelmäßigen Abständen Testspiel-Anfragen von Traditionsklubs, die in finanziellen Schwierigkeiten steckten. Der FC Bayern griff mit dieser besonderen Art an Freundschaftsspielen schon einigen Klubs unter die Arme:

- 2004 / 1. FC Union Berlin
- 2008 / SV Darmstadt 98
- 2013 / Alemannia Aachen
- 2013 / FC Hansa Rostock
- 2015 / Dynamo Dresden
- 2017 / Kickers Offenbach
- 2019 / 1. FC Kaiserslautern

WIE DER FC BAYERN EINST BORUSSIA DORTMUND GELD GELIEHEN HAT

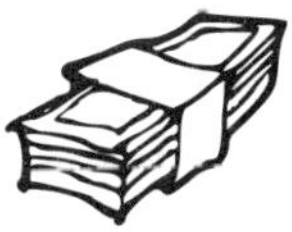

In einem Fall hat der FC Bayern sogar Titelrivale Borussia Dortmund dabei geholfen, sich aus einer finanziellen Misere zu befreien. Allerdings ging es damals nicht um ein Freundschaftsspiel, sondern um einen Kredit. 2004 stand Borussia Dortmund vor der Insolvenz, durch einen Kraftakt konnte der BVB die Pleite abwenden. Zu dem

Kraftakt zählte offenbar auch ein Darlehen der Münchner in Höhe von 2 Millionen Euro.

2014 kam allerdings ein öffentlicher Streit über das Darlehen auf. Dortmunds Geschäftsführer Hans-Joachim Watzke erklärte sinngemäß, dass diese Summe dem BVB nicht bei der Bewältigung der Probleme geholfen habe. Vielmehr galt es für ihn bei seiner Amtsübernahme und Rettungsmission ab 2004, den Münchnern das Geld schnell zurückzuzahlen, denn angeblich habe der FC Bayern für das Darlehen Zinsen in Höhe von 8 Prozent verlangt.

Die Münchner Führung, 2014 mit Präsident Karl Hopfner an der Spitze, widersprach dagegen der Darstellung von Watzke vehement. Hopfner erklärte gegenüber der *Sport-Bild*, dass die 2 Millionen Euro zunächst ein zinsfreies Darlehen gewesen seien. Allerdings habe der BVB mit der Rückzahlung länger gebraucht als vereinbart, er habe nur einen Teil des Darlehens zeitnah zurückzahlen können. Für den Restbetrag von 500 000 Euro sei auf Vorschlag der Dortmunder Führung, die noch vor der Ära Watzke amtiert hatte, ein Zinssatz von 5 Prozent vereinbart worden. Die gesamte Zinssumme, so versicherte Hopfner, habe im Zeitraum November 2004 bis 6. Juni 2005 somit 14 000 Euro betragen. Watzke räumte im Anschluss den Fehler ein, sich beim Zinssatz geirrt zu haben, betonte aber dennoch, dass der FC Bayern keinen Anteil an der Rettung von Borussia Dortmund gehabt habe, da quasi seine Vorgänger das Geld aus München schon ausgegeben hatten – erst danach sei seine Rettermission angelaufen.

VON KAMEL-ATTACKEN IM TRAININGSLAGER UND AUSFLÜGEN INS TONSTUDIO

Geschichten vom Boulevard

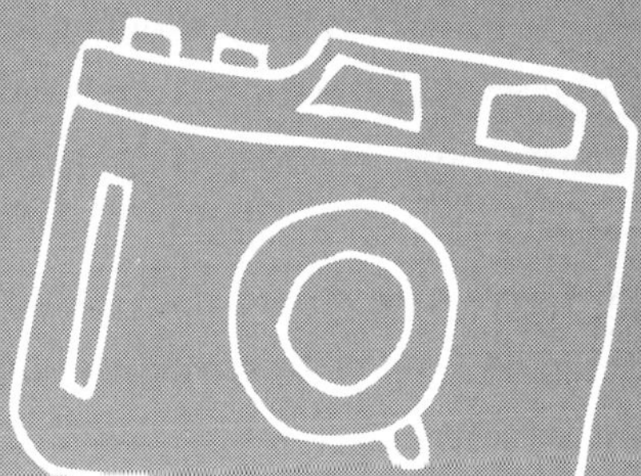

KURIOSE VERLETZUNGEN

Ob beim Tritt in die Tonne oder bei der Pediküre: Schon einige Spieler des FC Bayern haben sich in ungewöhnlicher Weise Verletzungen zugezogen. Eine Auswahl:

Franz Michelberger kam zwischen 1974 und 1976 zu vier Kurzeinsätzen beim FC Bayern. Auch wenn Michelberger nicht über die Rolle als Ergänzungsspieler hinauskam, wird er bis heute regelmäßig im Zusammenhang mit dem FC Bayern erwähnt. Der Grund ist ein kurioser Vorfall aus dem Trainingslager 1975 in Israel: Dort geriet der junge Mittelfeldspieler (Jahrgang 1955) mit einem Kamel aneinander. Der Überlieferung nach verfolgte das Kamel Michelberger und schubste ihn gegen die Treppen des Mannschaftsbusses. Dadurch erlitt er eine Prellung am Knie.

Stefan Effenberg gewann 2001 mit dem FC Bayern die Champions League. Als der Mittelfeld-Regisseur Ende der 1980er-Jahre für Borussia Mönchengladbach spielte, ging er trotz ausdrücklichen Verbots seines Vereins zum Rodeln – und brach sich dabei das Steißbein.

Jürgen Klinsmanns Tritt in die Werbetonne beim Spiel gegen den SC Freiburg (0:0) im Mai 1997, nachdem der Stürmer mal wieder vorzeitig ausgewechselt worden war, ist legendär. Weniger bekannt ist, dass sich Klinsmann bei dem Tritt auch noch das komplette Schienbein aufgeschürft hatte.

Paolo Guerrero spielte zwischen 2002 und 2006 für die Profis und Amateure des FC Bayern. 2007 stand er bereits beim Hamburger SV unter Vertrag. Um zur peruanischen Nationalmannschaft zu gelangen, wählte der Stürmer eine Route über den Flughafen München aus. Da er zeitlich im Verzug war, sprintete er mit Gepäck zum Abfertigungsschalter – und zog sich einen Muskelfaserriss zu.

Christian Lell stand von 2003 bis 2010 bei den Profis des FC Bayern unter Vertrag. Im Jahr 2009 wurde der Linksverteidiger für kurze Zeit außer Gefecht gesetzt. Ursache war eine Nagelbettentzündung am rechten großen Zeh. Entstanden war diese offenbar nach einer nicht ganz gelungenen Pediküre.

Jérôme Boateng wechselte 2010 vom Hamburger SV zu Manchester City und 2011 weiter zum FC Bayern. Bereits vor seinem Transfer nach München war Boateng zum deutschen Nationalspieler aufgestiegen. Allerdings: Bei einem Länderspieleinsatz in Dänemark im August 2010 nahm ihn Bundestrainer Joachim Löw vorzeitig aus dem Spiel, da Boateng sich einen Sehnenriss im linken Knie zugezogen hatte. Die Verletzung galt zunächst als nicht allzu schlimm, doch dann kam es bei der Rückreise im Flugzeug zu einem kuriosen Vorfall. Eine Stewardess fuhr unabsichtlich mit dem Getränkewagen gegen das lädierte Knie von Boateng – im Anschluss musste der Verteidiger rund einen Monat verletzt pausieren. Sein Debüt für Manchester City gab Boateng deshalb erst Ende September 2010.

Javi Martínez ging im Mai 2017 in seiner spanischen Heimat zum Wandern in die Berge. Dabei verletzte sich der Triple-Sieger von 2013 und 2020 schwer an der Schulter. Mit einem Bruch des linken Schlüsselbeines fiel der Defensivakteur den Rest der Saison 2016/17 aus (es handelte sich noch um zwei Bundesligaspiele).

Arjen Robben, Siegtorschütze im Champions-League-Finale 2013, war für eine Asienreise des FC Bayern im Sommer 2017 fest eingeplant. Doch der Flügelstürmer konnte nicht mitfliegen. Der Niederländer hatte zuvor im Urlaub Tennis gespielt – und sich dabei an der rechten Wade verletzt.

FACK JU GÖHTE UND *LEBERKÄSJUNKIE*: FC-BAYERN-STARS ALS LEINWANDHELDEN

Ob Hauptrolle oder kurzer Gastauftritt: Mancher FC-Bayern-Star und -Trainer wagte den Schritt, sich auch als Schauspieler auszuprobieren.

So übernahmen 1967 Torwart **Sepp Maier**, Stürmer **Gerd Müller** und Trainer **Zlatko »Tschik« Čajkovski** Nebenrollen in *Wenn Ludwig ins Manöver zieht*, einer Verfilmung der *Lausbubengeschichten* des Schriftstellers Ludwig Thoma.

Superstar **Franz Beckenbauer** spielte sich 1973 quasi selbst im Film *Libero*.

Teamkollege **Paul Breitner** trat in mehreren Filmen auf. Als legendär gilt seine Rolle als Sergeant Stark im Western *Potato Fritz* aus dem Jahr 1975. Wegen seines bayerischen Idioms musste er synchronisiert werden.

Hans-Georg »Katsche« Schwarzenbeck spielte 1979 einen Briefträger in einer deutschen Kinokomödie – vor allem wegen seines Namens. Der Streifen hieß *Wehe, wenn Schwarzenbeck kommt*.

Carlo Ancelotti, Trainer des FC Bayern von 2016 bis 2017 und einst Spieler bei AS Rom und AC Mailand, war 1983 im Film *Keiner haut wie Don Camillo* als Fußballer Mitglied der »Teufelsmannschaft« von Bürgermeister Peppone. Den Gegenpart nahm Terence Hill ein, der nicht nur Regisseur des Films war, sondern auch die Hauptrolle als Priester Don Camillo spielte.

Manuel Neuer lieh 2013 als Synchronsprecher im Disney-Kinofilm *Die Monster-Uni* seine Stimme dem Ungeheuer Frank McCay.

Fack ju Göhte begeisterte ab 2013 Millionen Zuschauer in den Kinos. Beim dritten Teil der Komödie im Jahr 2017 kamen die (damaligen) FC-Bayern-Stars **Mats Hummels, David Alaba** und **Joshua Kimmich** zu einem kurzen Gastauftritt. Als Gruppe von Joggern lieferten sie sich ein Wettrennen mit der Rad fahrenden Chantal.

1990-Weltmeister **Klaus Augenthaler** hatte 2019 einen kurzen Gastauftritt im Film *Leberkäsjunkie*, dem sechsten Teil der Kriminalkomödienreihe um Kommissar Franz Eberhofer. Augenthaler ist dabei der Trainer des FC Rot-Weiß Niederkaltenkirchen und von »Fußballgott« Buengo.

Ende 2021 sorgte sogar ein Jugendspieler des FC Bayern im deutschen Filmgeschäft für Furore. **Xaver Pucci**, damals Mitglied der U13-Auswahl der Münchner, spielte im Rahmen der ZDF-Sonntagsfilmreihe »Ein Sommer in …« in der ca. 90-minütigen Episode *Ein Sommer in Istrien* den Nachwuchskicker Matija – eine tragende Rolle zur besten Sendezeit am Sonntagabend.

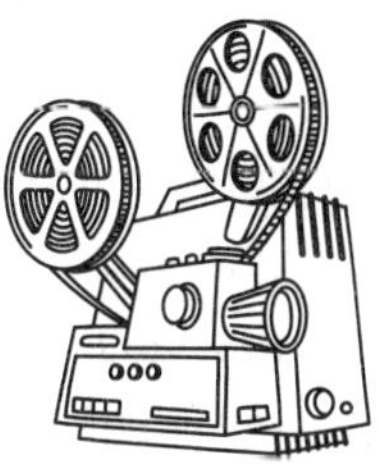

Joshua Kimmich fand durch den Auftritt bei *Fack ju Göthe* Spaß am Filmgeschäft. In zwei Folgen des Münchner *Tatort* spielte er 2023 und 2024 den Fitnesstrainer Kenny.

VON »GUTE FREUNDE« BIS »SAG MEINEN NAMEN«: SO PERFORMTEN SPIELER DES FC BAYERN IM MUSIKBUSINESS

Zahlreiche FC-Bayern-Stars haben bereits einen Ausflug ins Musikbusiness gewagt. Nicht jeder Song landete erfolgreich in den Charts, die meisten Lieder besitzen aber heute (dennoch) Kultstatus. Ein kurzer Überblick:

Franz Beckenbauer / »Gute Freunde«

Die Single stammt aus dem Jahr 1966. Beckenbauer erhielt laut eigenen Angaben 100 000 D-Mark für die Produktion des Songs. Das Lied enterte die deutschen Charts. Über die beste Platzierung der Single – Rang 7 oder Rang 31 – existieren unterschiedliche Angaben. Bis heute wird der Refrain von den Fans des FC Bayern in der Südkurve gesungen:

»Gute Freunde kann niemand trennen,
Gute Freunde sind nie allein,
Weil sie eines im Leben können,
Füreinander da zu sein.«

Beim ersten Heimspiel nach Franz Beckenbauers Tod (7. Januar 2024) sang das ganze Stadion das Lied.

Gerd Müller / »Dann macht es bumm«

Beckenbauers Teamkollege Gerd Müller zog 1967 mit einer Schallplatte nach. Die Songs lauteten »Raba-Da-Da« und »Nur jetzt nicht weinen«. Die Schallplatte floppte allerdings. »Dann macht es bumm« aus dem Jahr 1969 lief kaum besser an, allerdings besitzt dieses Lied dennoch heute Kultstatus und wird zum Beispiel in fast jedem TV-Beitrag über Gerd Müller abgespielt.

Der Refrain lautet:

»Dann macht es bumm, ja, und dann kracht's
Und alles schreit: ›Der Müller macht's!‹
Dann macht es bumm, dann gibt's ein Tor
Und alles schreit dann: ›Müller vor!‹«

Sepp Maier / »Die bayerische Loreley«

Auch Torwart Sepp Maier wagte einen Ausflug ins Musikbusiness. Seine zwei Lieder auf einer Schallplatte von 1968 lauteten: »Die bayerische Loreley« und »Humor ist, wenn man trotzdem lacht«. Der Erfolg in diesem Genre blieb für Maier aus.

Jean-Marie Pfaff / »Jetzt bin ich ein Bayer«

Der nächste FC-Bayern-Torwart mit einer Single war Jean-Marie Pfaff. Der Belgier spielte von 1982 bis 1988 für den FC Bayern und zählte zu den Publikumslieblingen bei den Münchner Fans. Pfaff präsentierte 1984 die Single »Jetzt bin ich ein Bayer«. Der Refrain lautete:

»Ich war ein Belgier und jetzt bin ich ein Bayer
Ich trinke Bier und esse Leberkäs' mit Eier
Und jeden Samstag steh' ich froh in meinem Tor
und kein Stürmer macht dem Jean-Marie was vor.«

In der Single waren zudem immer wieder kurze Interview-Passagen eingebaut, die teilweise humorvoll wirken sollten. Ein Beispiel hierfür:

Fragesteller: »Jean-Marie, erzählen Sie doch bitte noch einmal Ihr ganz großes Geheimnis: Wie halten Sie einen Elfmeter?«

Pfaff: »Viel Bier trinken! Und Leberkäs' essen!«

Christian Ziege, Dietmar Hamann und Alexander Zickler als »Keksi und die falschen Freunde« / »Ohne Dich«

Auch in den 1990er-Jahren sorgten Stars des FC Bayern für kuriose Songs. 1996 ging die Gruppe »Keksi und die falschen Freunde« an den Start. Sie coverte den Hit »Ohne Dich schlaf' ich heut' Nacht nicht ein« der Band Münchener Freiheit. Dabei unterlegten sie den Song mit damals im Trend liegenden Techno-Beats. »Keksi und die falschen Freunde« bestand aus fünf Gruppenmit-

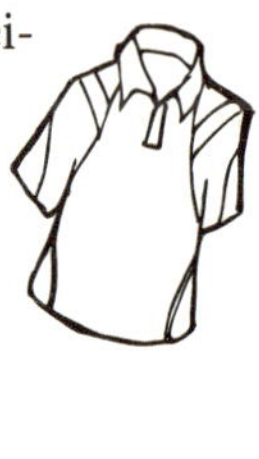

gliedern, darunter die damals aktiven FC-Bayern-Stars Christian Ziege, Dietmar Hamann und Alexander Zickler.

Roque Santa Cruz, Sportfreunde Stiller / »Ich, Roque«

Roque Santa Cruz agierte von 1999 bis 2006 als Stürmer beim FC Bayern. 2004 spielte Santa Cruz in einem Musik-Video der Sportfreunde Stiller mit – schließlich war das Lied ihm gewidmet: »Ich, Roque!«. Die entscheidende Wortpassage sang Santa Cruz dabei selbst. Zugleich war »Ich, Roque!« auch ein phonetisches Wortspiel (»Ich rocke!«). Die beste Platzierung von »Ich, Roque!« in den deutschen Charts war Rang 32.

Andreas Görlitz, Room77 / »Finale dahoam«

Andreas Görlitz stand von 2004 bis 2010 beim FC Bayern unter Vertrag, allerdings war der Verteidiger oftmals verletzt. Während einer dieser Verletzungspausen – er musste einen Kreuzbandriss auskurieren – brachte sich der Ex-Nationalspieler das Gitarrespielen bei. Danach gründete er mit seinem Bruder Markus Görlitz sowie drei weiteren Freunden die Rock-Band Room77.

Görlitz kam auch sportlich wieder auf die Beine, allerdings wechselte er 2010 zu Zweitligist FC Ingolstadt. Nebenher verfolgte er seine Musikkarriere weiter. Als seine Ex-Teamkollegen vom FC Bayern sich in der Saison 2011/12 aufmachten, das Endspiel der Champions League in der heimischen Allianz Arena zu erreichen, begleitete Room77 die Spiele musikalisch.

Grundlage war dabei ein Song, der schon für das Finale der Königsklasse 2010 zwischen dem FC Bayern und Inter Mailand (0:2) komponiert worden war. Vor dem Endspiel 2012 zwischen dem FC Bayern und dem FC Chelsea erreichte der modifizierte Song »Finale dahoam« seinen Höhepunkt, in zahlreichen Artikeln wurde zudem über die musikalische Ader von Görlitz berichtet. Der Refrain des Songs 2012 lautete:

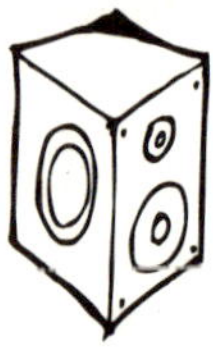

»2012 unser Heldenjahr
Wir Bayern machen Träume wahr
Steht auf! Singt mit! Seid laut beim Hit!
Mia san mia – Finale dahoam.«

Durch das verlorene Finale ebbte der Hype um das Lied allerdings ab. 2014 beendete Görlitz seine Karriere als Fußballprofi, seine Musiklaufbahn setzte er dagegen fort. 2018 gründete er eine weitere Band namens Whale City.

Dante / »Und Pokal auch«

Der brasilianische Verteidiger konnte beim letzten Schritt zum Triple 2013, dem Pokalsieg, nicht dabei sein, seine Nationalmannschaft hatte ihn bereits einberufen. Er ließ dem FC Bayern aber ein Videoständchen zukommen: »Wir gewinn' Meisterschaft, wir gewinn' Champions League. Und Pokal auch und

Pokal auch.« Das ging viral, wurde musikalisch noch aufgemöbelt, sodass aus einem 39-Sekunden-Clip ein fast dreiminütiger Song wurde, der tatsächlich in die deutschen Charts kam. Für eine Woche auf Platz 79.

David Alaba / »Sag meinen Namen«

David Alaba, bis 2021 Profi beim FC Bayern, stammt aus einer musikalisch geprägten Familie. Sein Vater George arbeitete einst als DJ und war als Rapper Teil des Pop/Dance-Duos Two in One, das 1999 mit dem »Indian Song« Platz zwei in den österreichischen Charts erreichte.

Rose May Alaba, die Schwester von David Alaba, wurde über die Castingshow *Popstars Mission Österreich* einer breiteren Öffentlichkeit bekannt. Durch ihre erfolgreiche Teilnahme wurde sie zudem Mitglied der Band BFF. Später fuhr sie auch als Solokünstlerin mit Songs wie »All Of This Is You« Erfolge ein.

2018 zog dann David Alaba, der als Kind Gitarren- und Klavierunterricht erhalten hatte, mit einem eigenen Song nach. Gemeinsam mit Orry Jackson, einem ehemaligen Teilnehmer der Castingshow *The Voice of Germany*, veröffentlichte Alaba den Rapsong »Sag meinen Namen«.

COWBOY, BIERVERKÄUFER UND DÖNERIMBISS-GRÜNDER: WAS (EHEMALIGE) FC-BAYERN-STARS BERUFLICH MACHEN

Noch in den 1960er-Jahren war den Fußballstars in Deutschland formal nur ein Gehalt von 1200 D-Mark erlaubt, viele von ihnen mussten nebenbei noch einem Beruf nachgehen. Auch später hatten die meisten Fußballprofis finanziell noch lange nicht ausgesorgt, nur weil sie für einige Jahre zu den Besten ihres Fachs zählten. Eine gewöhnliche Berufsausbildung war daher fast schon Pflicht, um gegebenenfalls nach der Fußballkarriere in seinem ursprünglich erlernten Job weiterzuarbeiten. Es folgt eine Auswahl an Berufen, die Spieler des FC Bayern vor ihrer Karriere erlernt haben oder denen sie nach ihrer Karriere nachgingen. Einige wählten auch gänzlich neue Geschäftsfelder oder Tätigkeiten während oder nach der Profi-Zeit.

Franz John, Spieler und ab Februar 1900 erster Präsident des FC Bayern, war als Fotograf tätig.

Ludwig Goldbrunner war von 1927 bis 1945 für den FC Bayern aktiv und Leistungsträger beim erstmaligen Gewinn der deutschen Meisterschaft 1932. Später arbeitete Goldbrunner als Kühlhausmeister des Münchner Schlacht- und Viehhofs.

Dieter Brenninger lief beim FC Bayern von 1962 bis 1971 als Stürmer auf und besaß wesentlichen Anteil am Bundesligaaufstieg des FC Bayern im Jahr 1965. Von

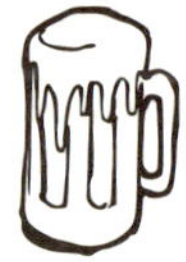

1979 bis 2007 war Brenninger als Repräsentant und Verkaufsleiter bei Erdinger Weißbräu engagiert.

Gerd Müller, Torjägerlegende des FC Bayern, hatte zunächst eine Lehre als Weber gestartet, dann eine Ausbildung zum Löter abgeschlossen. 1964, zu Beginn seiner Zeit beim FC Bayern, arbeitete er noch in Teilzeit als Möbelpacker.

Hans-Georg Schwarzenbeck, Europapokalheld von 1974 und verlässlicher »Putzer des Kaisers«, betrieb nach der Fußballkarriere mit seinen beiden Tanten ein Schreibwarengeschäft im Münchner Stadtteil Au.

Bernd Dürnberger, solider Mittelfeldspieler in der 70er-Jahre-Mannschaft, beflockte Trikots.

Uli Hoeneß, ehemals Spieler, Manager und Präsident des FC Bayern, stammt aus einer Metzgerfamilie. 1985 gründete er gemeinsam mit Werner Weiß die HoWe Wurstwaren in Nürnberg. Produkte seiner Firma sind unter anderem beim Discounter Aldi zu erwerben. Heute führen die Kinder von Uli Hoeneß das Unternehmen.

Hanne Weiner, von 1979 bis 1982 für den FC Bayern am Ball, betrieb in seiner Heimatstadt Berlin nach seiner Fußballkarriere die Kneipe »Hanne am Zoo«.

Manfred Müller, Torwart der DFB-Pokalsieger-Mannschaft von 1982, arbeitet als erfolgreicher Fernseh- und Medienproduzent. Mit der Produktionsfirma mmfilm&Video Manfred Müller GmbH war er von 1992 bis 2006 verantwortlicher Produzent bei TV-Übertragungen der Bundesliga. Noch heute arbeitet seine Firma mit dem FC Bayern zusammen, wenn es um die mediale Orchestrierung – unter anderem die Bespielung der Stadionleinwand für die Fans vor Ort – von Begegnungen in der Allianz Arena geht.

Norbert Eder, der in den 80er-Jahren die gegnerischen Stürmer aufhielt, betrieb ein Blumengeschäft.

Bobby Dekeyser war Ersatztorwart beim FC Bayern (1986 bis 1987), größeren Erfolg hatte der Belgier als Unternehmer: Er gründete eine Firma für Outdoormöbel und ein Hotelresort auf den Philippinen.

Ludwig Kögl spielte von 1984 bis 1990 für den FC Bayern. Der Flügelstürmer erzielte im Landesmeistercupfinale 1987 die zwischenzeitliche 1:0-Führung für die Münchner gegen den FC Porto (Endstand: 1:2). Nun ist Kögl als Spielerberater tätig. Sein prominentester Klient: Thomas Müller.

Hansi Flick, ehemaliger Spieler und Trainer des FC Bayern, betrieb im baden-württembergischen Bammental ab 1995 das Sportfachgeschäft »Hansi Flick Sport und Freizeit«.

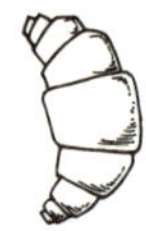

Jürgen Klinsmann, UEFA-Cup-Sieger 1996 mit dem FC Bayern und Trainer der Mannschaft 2008/09, stammt aus einer Bäckerfamilie. Vor seiner Profikarriere hat der Stürmer deshalb eine Ausbildung zum Bäckergesellen durchlaufen.

Giovane Élber, Champions-League-Sieger von 2001, betreibt in seiner Heimat Brasilien eine Farm mit rund 4500 Rindern.

Miroslav Klose, ehemals Spieler und Co-Trainer beim FC Bayern, schloss eine Lehre als Zimmermann ab.

Lukas Podolski, Stürmer von 2006 bis 2009 beim FC Bayern, hat in seiner Heimatstadt Köln die Dönerimbisskette Mangal ins

Leben gerufen. Weitere Produkte werden zudem für Supermarktketten wie Rewe produziert, darunter Tiefkühldöner, türkische Pizza, Chips und Ayran. Auch zwei Eisdielen unter dem Namen Icecream United hat Podolski in Köln bereits eröffnet.

Claudio Pizarro, der insgesamt neun Jahre für den FC Bayern stürmte, hält Beteiligungen an Rennpferden.

Philipp Lahm, Kapitän der Triple-Sieger-Mannschaft 2013, ist Chef des Organisationskomitees für die Europameisterschaft 2024 in Deutschland. Als Unternehmer ist Lahm Inhaber der Sixtus Werke, die Pflege- und Desinfektionsprodukte herstellen. Zudem ist Lahm Mehrheitseigentümer des Naturkostherstellers Schneekoppe.

Tobias Rau, Philipp Lahms Vorgänger auf der Position des linken Verteidigers, hörte mit 27 auf und wurde Lehrer für Biologie und Sport.

David Alaba, Champions-League-Sieger von 2013 und 2020, eröffnete 2021 gemeinsam mit seiner Familie in Wien das Restaurant »DaRose«. Der Name des Restaurants setzt sich aus einer Kombination aus David und Rose May, Alabas Schwester, zusammen.

Stefan Effenberg verdingte sich im Leben nach dem Fußball als Experte für Fußball, vor allem in der Stammtischsendung *Doppelpass,* doch nebenbei gab er auch den Bankkaufmann – für die VR-Bank Bad Salzungen Schmalkalden war er als Kreditberater tätig, er sollte kreditbedürftige Fußballklubs mit dem Geldinstitut zusammenbringen.

Heutzutage haben Fußballprofis keine bürgerlichen Berufe mehr, weil sie von Kindesbeinen an auf eine Sportkarriere gesetzt und ein Nachwuchsleistungszentrum besucht haben. Viele entwickeln dann allerdings während ihrer Karriere Interesse an geschäftlichen Tätigkeiten.

Thomas Müller hat sich, weil seine Frau Lisa Dressurreiterin ist, in das Thema Pferdezucht eingearbeitet. Außerdem investiert er – wie sein ehemaliger Münchner Sturmkollege Mario Gómez – in ein FoodTech-Start-up.

Jérôme Boateng, Bayern-Verteidiger von 2011 bis 2021, agierte zwischenzeitlich als Verleger, er brachte sein eigenes Personality-Magazin *Boa* heraus.

Hasan Salihamidžić, der nicht nur Spieler, sondern später auch Sportvorstand war, lässt sein Geld arbeiten – mit einem Geschäftspartner besitzt er Hotels und Boardinghäuser in der Frankfurter Gegend.

Robert Lewandowski gründete mit seiner Frau Ana, einer ehemaligen Weltklasse-Karateka, mehrere Firmen zur Selbstvermarktung und -optimierung, etwa im Ernährungsbereich.

Manuel Neuer kaufte nahe seinem Wohnsitz am Tegernsee einen alten Berggasthof, um ihn wieder herzurichten und neu zu eröffnen. Beteiligt ist er an einer Kaffeerösterei im Münchner Werksviertel und zusammen mit der Tennisspielerin Angelique Kerber gründete er ein Unternehmen, das Sonnenschutz herstellt und vertreibt.

SCHNELLE TORE UND »FÜNFERPACKS«

Die Rekorde der Bayern-Stürmer

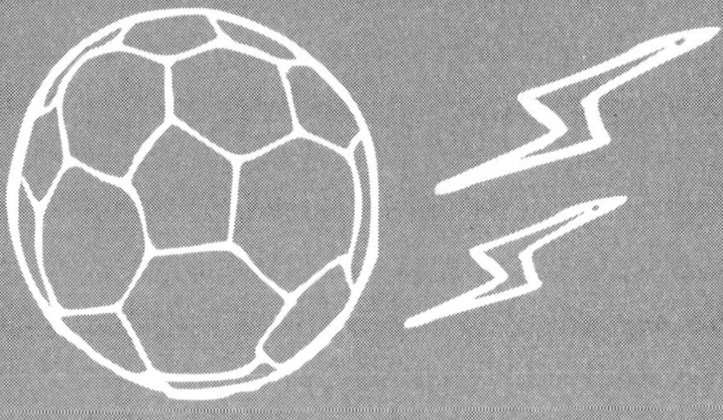

»BLITZTORE«

Giovane Élber erzielte in der Bundesliga das schnellste Tor für den FC Bayern. Der Brasilianer netzte am 31. Januar 1998 bereits nach elf Sekunden gegen den Hamburger SV zur 1:0-Führung ein. Die Bayern siegten im Anschluss mit 3:0. Ligaweit bedeutet dies für Élber den geteilten dritten Rang mit Bochums Paul Freier und Leverkusens Ulf Kirsten. Noch schneller trafen in der Bundesliga Kevin Volland für Hoffenheim und Karim Bellarabi für Leverkusen, die jeweils nach neun Sekunden den Ball über die Torlinie brachten.

In der Champions League hält Roy Makaay die Bestmarke. 10,12 Sekunden dauerte es nur, bis der Niederländer den FC Bayern am 7. März 2007 mit 1:0 gegen Real Madrid in Führung brachte. Die Münchner gewannen mit 2:1 und zogen dadurch ins Viertelfinale der Champions League ein.

Einen historischen Abend gab es für Stürmer Robert Lewandowski am 22. September 2015: Der FC Bayern lag zur Pause mit 0:1 gegen den VfL Wolfsburg zurück, zur zweiten Halbzeit wurde der Pole eingewechselt. Lewandowski glückten dann zwischen der 51. und der 60. Minute fünf Tore! Sein fünfter Treffer gelang per Seitfallzieher aus 14 Metern. Lewandowski erzielte ...

- ... drei Tore in 3:22 Minuten,
- ... vier Tore in 5:42 Minuten,
- ... fünf Tore in 8:59 Minuten.

Dies war in der Historie der Bundesliga zuvor noch nie einem Profi – und vor allem keinem Einwechselspieler – gelungen.

DIE »MEHRFACHPACKS« DES GERD MÜLLER

Apropos »Mehrfachpacks«: Zwar hält Dieter Müller, der nie für den FC Bayern gespielt hat und nicht mit Gerd und Thomas Müller verwandt ist, den Rekord von sechs Toren in einem Bundesligaspiel (beim 7:2-Erfolg des 1. FC Köln über Werder Bremen), Gerd Müller ist aber der Spieler mit den meisten »Fünferpacks« in der Bundesliga. Müller traf fünfmal gegen …

- ... Rot-Weiß Oberhausen im Jahr 1972. Endstand: 7:0.
- ... Kaiserslautern im Jahr 1973. Endstand: 6:0.
- ... Hertha BSC im Juni 1976. Endstand: 7:4.
- ... Tennis Borussia Berlin im September 1976. Endstand: 9:0.

Müller kam zudem auf 10 »Viererpacks« und 18 »Dreierpacks« in der Bundesliga.

DIE TORSCHÜTZENKÖNIGE IN DIENSTEN DES FC BAYERN

22-mal, einschließlich der Saison 2023/24, wurde ein Spieler in Diensten des FC Bayern Torschützenkönig in der Bundesliga:

Torschützenkönig	Titel-anzahl	Saison
Gerd Müller	7	1966/67, 1968/69, 1969/1970, 1971/72, 1972/73, 1973/74, 1977/78
Robert Lewandowski	6	2015/16, 2017/18, 2018/19, 2019/20, 2020/21, 2021/22
Karl-Heinz Rummenigge	3	1979/80, 1980/81, 1983/84
Roland Wohlfarth	2	1988/89, 1990/91
Giovane Élber	1	2002/03
Luca Toni	1	2007/08
Mario Gómez	1	2010/11
Harry Kane	1	2023/24

Gerd Müller erhielt die Auszeichnung siebenmal und ist damit (noch) nationaler Rekordhalter.

Robert Lewandowski schnappte sich bis 2022 die »Torjägerkanone« sechsmal als Profi des FC Bayern und einmal als Spieler von Borussia Dortmund (2013/14).

Gerd Müller stellte in der Saison 1971/72 einen phänomenalen Tor-Rekord auf und erzielte 40 Treffer in nur einer Saison.

Erst Robert Lewandowski gelang es, diesen Fabel-Rekord zu brechen, als er 2020/21 insgesamt 41 Treffer erzielte.

Ein kurioser Unterschied dabei: Gerd Müller dankte beim FC Bayern in der Saison 1971/72 als Elfmeterschütze ab, weil er sich zu viele Fehlschüsse (drei) geleistet hatte. Müller machte die 40 Tore also ohne einen einzigen verwandelten Elfmeter.

Lewandowski traf dagegen in seiner Rekord-Saison 2020/21 auch achtmal per Elfmeter. Unabhängig davon spielten beide Stürmer jeweils eine großartige Saison, und die Rahmenbedingungen zwischen den 1970er-Jahren und den 2010er-Jahren lassen sich schwer vergleichen.

In die Dimension von Gerd Müller und Robert Lewandowski stieß auch Harry Kane in seiner Premierensaison 2023/24 mit 36 Treffern.

DIE SCORER-BILANZ VON THOMAS MÜLLER

Zu Beginn seiner Profizeit galt Thomas Müller als Torjäger. Mit der Zeit entwickelte er sich aber immer mehr zum noch effizienteren Vorlagengeber. So hat der Offensivakteur im Zeitraum 2009/10 bis 2023/24 eine beeindruckende Bilanz vorzuweisen.

In sechs seiner 15 kompletten Spielzeiten (2009/10–2023/24) gelangen ihm jeweils mindestens zehn Tore und zugleich zehn Assists. 2019/20, 2020/21 und 2021/22 knackte er jeweils die Marke von 20 Torvorlagen. Insgesamt brachte Müller es in diesen 15 Saisons auf 356 Scorerpunkte. Gerundet sind das 24 Torbeteiligungen pro Saison.

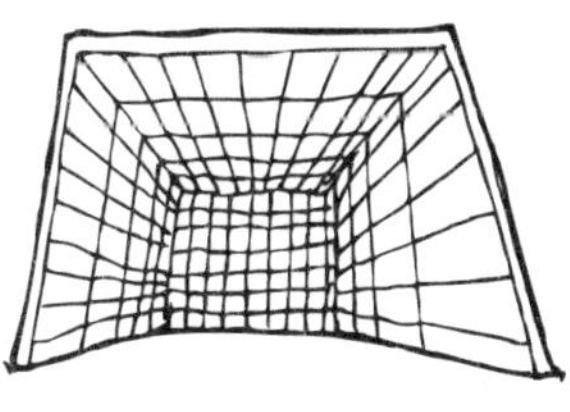

Thomas Müller scort und scort und scort ...

Saison	Tore	Assists	Score
2009/10	13	11	24
10/11	12	13	25
11/12	7	13	20
12/13	13	13	26
13/14	13	11	24
14/15	13	15	28
15/16	20	7	27
16/17	5	14	19
17/18	8	16	24
18/19	6	12	18
19/20	8	21	29
20/21	11	21	32
21/22	8	21	29
22/23	7	8	15
23/24	5	11	16
Gesamt	149	207	356

146 TREFFER: DER UNGLAUBLICHE TOR-REKORD DES FC BAYERN

Der FC Bayern stellte oftmals eine der besten Offensivreihen der Bundesliga, daher hält er auch den bisherigen Tor-Rekord für eine Saison. Er stammt aus der Saison 1971/72 mit 101 Treffern, was einen erstaunlichen Schnitt (2,97) von fast 3 Toren pro Partie ausmacht. In der Spielzeit 2019/2020 verpassten es die Münchner nur ganz knapp, ihren Bestwert noch zu toppen, am Ende waren es »lediglich« 100 Tore.

Noch unglaublicher klingt die Bilanz des FC Bayern aus der Saison 1964/65. Damals dominierten die Münchner die Regionalliga Süd, die der 2. Liga entsprach, und stiegen letztendlich nach einer erfolgreichen Aufstiegsrunde in die Bundesliga auf. Der FC Bayern schoss in der regulären Saison 146 Tore in 36 Ligaspielen, das waren rund 4 Treffer pro Partie. Torschützenkönig wurde Rainer Ohlhauser mit 42 Treffern.

LEGENDÄRER SIEG IN BOCHUM UND SPIEL GEDREHT GEGEN JUVENTUS

Die größten Aufholjagden des FC Bayern

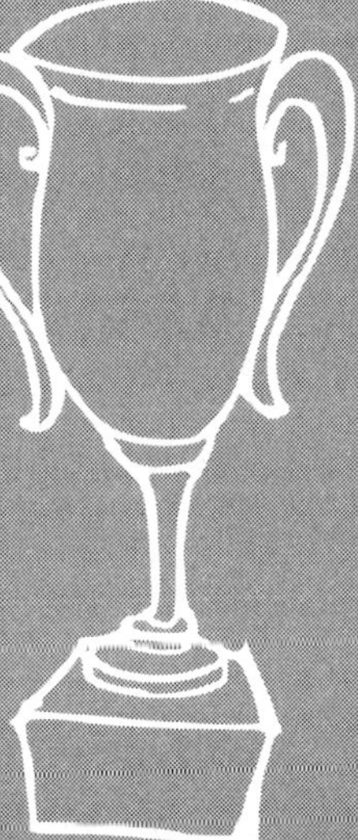

Legendär wird es bei Fußballspielen oftmals, wenn in vermeintlich aussichtsloser Lage noch ein Spiel zum Sieg umgebogen wird. Schon einige Male ist dies dem FC Bayern gelungen – manchmal war der deutsche Rekordmeister aber auch der Leidtragende einer Partie. In der folgenden Aufzählung geht es nun um Partien, in denen der Vorsprung eines Teams besonders groß war.

In der Bundesligahistorie gibt es zwei Spiele, bei denen nach einem zwischenzeitlichen Rückstand von vier (!) Toren dennoch eine Niederlage abgewendet wurde. Eines davon fand mit Beteiligung des FC Bayern statt.

6:5-Sieg in Bochum

Die Münchner lagen am 6. Spieltag der Saison 1976/77 nach 53 Spielminuten mit 0:4 beim VfL Bochum zurück. Dennoch gelang es ihnen noch, die Partie in einen Sieg umzubiegen. Die Aufholjagd verlief dabei spektakulär. Karl-Heinz Rummenigge (55.), Hans-Georg Schwarzenbeck (57.), Gerd Müller (63., 74.) und Uli Hoeneß (75.) schossen innerhalb von 22 Minuten den FC Bayern mit 5:4 in Führung. Der VfL Bochum konterte aber noch mal und glich in der 80. Spielminute zum 5:5 aus. Das glückliche Ende für die Münchner erzwang dann Uli Hoeneß, der in der 89. Spielminute den Siegtreffer zum 6:5 erzielte.

Nur noch einmal wurde ein Rückstand von vier Toren aufgeholt – am 13. Spieltag der Saison 2017/18 führte Borussia Dortmund im Derby gegen Schalke 04 nach 25 Spielminuten mit 4:0 – die Partie endete dennoch 4:4.

Packendes Duell auf Schalke

Eine weitere legendäre Aufholjagd in der Bundesliga lieferte der FC Bayern am 8. September 1973 (6. Spieltag). Auf Schalke lagen die Münchner zwischenzeitlich mit 0:3 und 1:4 sowie zur Halbzeit mit 2:5 zurück. Doch am Ende sprang ein 5:5 heraus, da im zweiten Durchgang Gerd Müller noch zwei (51., 68.) seiner insgesamt vier Treffer in dieser Partie erzielte und Bernd Dürnberger zwischendrin den Anschlusstreffer zum 4:5 (64.) besorgt hatte.

Blamage in Lautern

Aber auch der FC Bayern konnte einen deutlichen Vorsprung aus der Hand geben. Ebenfalls in der Saison 1973/74 führte er am 12. Spieltag beim 1. FC Kaiserslautern durch Tore von Bernd Gersdorff (3., 12.) und Gerd Müller (36.) bereits nach einer guten halben Stunde mit 3:0. Die Pfälzer verkürzten noch vor der Pause auf 1:3, doch Müller legte in der 57. Spielminute das 4:1 für die Münchner nach. Das Spiel schien zugunsten des FC Bayern entschieden, doch die Partie sollte sich noch zu einer der peinlichsten Niederlagen der Münchner entwickeln.

Klaus Toppmöller, der Vater des späteren Bayern-Co-Trainers Dino Toppmöller, erzielte in der 58. Spielminute das 2:4 für Kaiserslautern. Josef Pirrung, der schon das 1:3 markiert hatte, legte einen Doppelpack nach (61., 73.). Dann sah Bernd Gersdorff die Rote Karte (76.), der FC Bayern brach in den Schlussminuten komplett ein: Lautern ging durch Ernst Diehl (84.) mit

5:4 in Führung, Herbert Laumen (87., 89.) sorgte mit zwei Treffern im Schlussspurt für den 7:4-Erfolg der Gastgeber.

4:3-Erfolg in Leverkusen

Besser lief es für den FC Bayern dann wieder in der Saison 1987/88. Am letzten Spieltag traten die Münchner bei Bayer Leverkusen an und lagen nach 18 Spielminuten bereits mit 0:3 zurück. Dennoch ging der FC Bayern noch mit 4:3 als Sieger vom Platz. Für die Münchner trafen Lothar Matthäus (20.), Uli Bayerschmidt (50.) und Jürgen Wegmann (72., 81.). Mit dem Sieg sicherten sich die Roten noch Platz zwei in der Meisterschaft vor dem 1. FC Köln als Tabellendritten.

Pleite gegen Köln im DFB-Pokal

Im DFB-Pokal erlitt der FC Bayern 1971/72 eine besondere Schmach, als der Wettbewerb noch mit Hin- und Rückspiel ausgetragen wurde. Die Münchner besiegten im Viertelfinal-Hinspiel zu Hause den 1. FC Köln mit 3:0. Der Vorsprung reichte aber nicht zum Weiterkommen aus. In Köln verlor der FC Bayern mit 1:5.

»Pokalheld« Dieter Hoeneß

Die wohl bekannteste erfolgreiche Aufholjagd des FC Bayern im DFB-Pokal ist jene vom Endspiel 1982. Der 1. FC Nürnberg führte zur Halbzeit mit 2:0. Reinhold Hintermaier mit einem Distanzschuss aus rund 40 Metern (31.) und Werner Dreßel (44.) hatten den Club in Führung gebracht. Zu allem Überfluss verletzte sich Dieter Hoeneß schwer. Bayerns Topstürmer war mit Alois Reinhardt zusammengestoßen und blutete am Kopf. Mehrfach musste er an der Seitenlinie behandelt werden, Hoeneß lag blutüberströmt am Boden. In der Pause ließ er sich den Cut nähen – unter großen Schmerzen, weil eine Betäubung nicht möglich war.

So war Hoeneß für die zweite Halbzeit wieder halbwegs fit, auch der Turban rund um den Kopf hielt nun besser. Im weiteren Verlauf schmiss sich Hoeneß in alle möglichen Zweikämpfe und Kopfballduelle und bereitete per Kopf auch den Anschlusstreffer zum 1:2 (54.) von Karl-Heinz Rummenigge vor. Wolfgang Kraus erzielte neun Minuten später den 2:2-Ausgleich. Paul Breitner verwandelte einen umstrittenen Elfmeter zur 3:2-Führung (72.) für die Münchner. Den Schlusspunkt setzte Dieter Hoeneß selbst: Aus sieben Metern verwertete er eine Flanke von links per Kopf zum 4:2 (89.) für den FC Bayern.

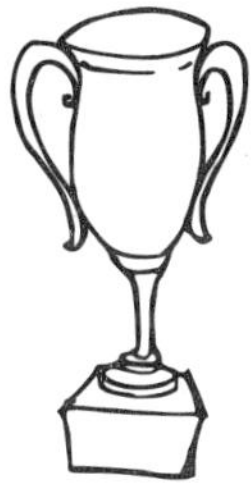

Last-Minute-Rettung in Getafe

Im Europapokal hat der FC Bayern ebenfalls für einige legendäre Aufholjagden gesorgt. Das Viertelfinal-Rückspiel in der UEFA-Cup-Saison 2007/08 sticht besonders hervor. Nach einem 1:1 im Hinspiel reiste der FC Bayern zum Rückspiel beim FC Getafe, einem Madrider Vorstadtklub, an. Franck Ribéry rettete den FC Bayern, der ab der fünften Minute wegen einer Roten Karte für Getafe in Überzahl spielte, mit seinem späten Ausgleich zum 1:1 (89.) in die Verlängerung. Doch die Overtime lief alles andere als perfekt für die Münchner an. Bereits nach drei Minuten lagen sie mit 1:3 zurück. In den Schlussminuten warf der FC Bayern alles nach vorne, Luca Toni glückte in der 115. Spielminute der Anschlusstreffer zum 2:3 – und kurz vor Spielende netzte der Italiener per Kopf erneut ein. Der Treffer zum 3:3 bedeutete aufgrund der mehr erzielten Auswärtstore in letzter Minute das Weiterkommen für den FC Bayern.

Partie gegen Magdeburg gedreht

Im Europapokal der Landesmeister glückte dem FC Bayern eine bedeutende Aufholjagd in der Saison 1974/75. Der damals amtierende Titelträger empfing im Achtelfinal-Hinspiel den 1. FC Magdeburg. Die Gäste gingen mit einer überraschenden 2:0-Führung in die Pause, doch in der zweiten Halbzeit drehte der FC Bayern die Partie. Ein Doppelpack von Gerd Müller (51., 63.) sowie ein Eigentor von Detlef Enge ließen den FC Bayern noch mit einem 3:2 als Sieger vom Platz gehen.

Knockout gegen Juventus abgewendet

Spektakulär verlief auch das Achtelfinal-Rückspiel des FC Bayern in der Champions-League-Saison 2015/16 gegen Juventus

Turin. Nach einem 2:2 im Hinspiel gingen die Italiener in München durch Tore von Paul Pogba (6.) und Juan Cuadrado (28.) schnell mit 2:0 in Führung. Robert Lewandowski konnte erst in der 73. Spielminute auf 1:2 verkürzen – und erst in der Nachspielzeit (91.) köpfte Thomas Müller zum 2:2-Ausgleich ein. Die Partie ging in die Verlängerung. Diese konnten die Münchner durch Tore von Thiago (108.) und Kingsley Coman (110.) dann mit 4:2 für sich entscheiden.

Schneeschlacht gegen Bielefeld

Das merkwürdigste Bayern-Spiel der zuschauerlosen Coronazeit trug sich am 15. Februar 2021 in der Allianz Arena zu: In dichtem Schneegestöber geriet der FC Bayern gegen das Bundesliga-Kellerkind Arminia Bielefeld mit 0:2 und 1:3 in Rückstand. Corentin Tolisso und Alphonso Davies bekamen aber noch ein 3:3 hin.

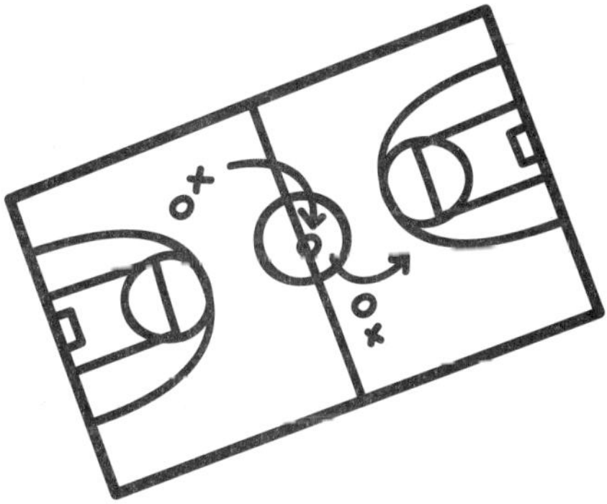

DAS GROSSE ZITTERN

So schneidet der FC Bayern beim Elfmeterschießen ab

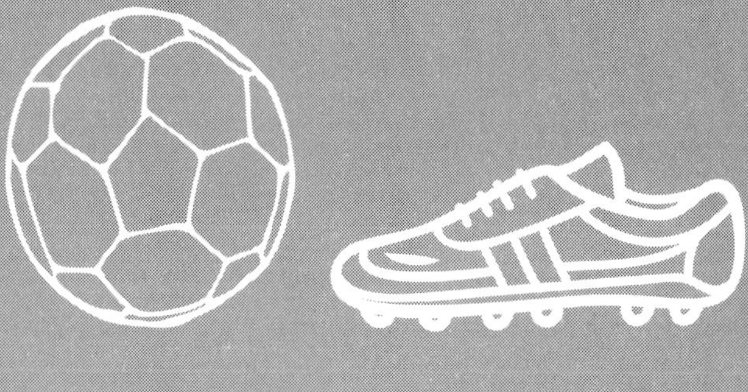

Von Lionel Messi (Finale Copa America 2016) über Cristiano Ronaldo (CL-Halbfinale 2012) bis zu David Beckham (EM 2004): In den vergangenen Jahrzehnten haben die besten Spieler der Welt phasenweise Nerven gezeigt und bedeutende Elfmeter verschossen. Auch beim FC Bayern ist in Sachen Shootout ein Auf und Ab festzustellen. 18 von 27 Elfmeterschießen bei Pflichtspielen konnte der FC Bayern für sich entscheiden. Im Schnitt gewinnt der FC Bayern demnach 2 von 3 Elfmeterschießen.

Ein Überblick:

Sieg gegen Åtvidabergs FF

Das erste Elfmeterschießen in der Historie des FC Bayern gab es im Europapokal der Landesmeister. In der ersten Runde des Wettbewerbs in der Saison 1973/74 gewannen die Münchner zunächst ihr Heimspiel gegen Åtvidabergs FF mit 3:1. Im Rückspiel siegten jedoch die Schweden mit 3:1, weshalb es zum Shootout kam. Beim FC Bayern verwandelten vier von fünf Schützen ihren Elfmeter, bei Åtvidabergs FF vergaben dagegen die letzten beiden Schützen vom Punkt aus. Der FC Bayern stieg mit dem Sieg im Shootout (4:3) eine Runde auf und gewann am Ende der Saison erstmals in seiner Historie den begehrtesten Pokal im europäischen Vereinsfußball.

Pfaff trifft als letzter Schütze gegen Saloniki

Das höchste Ergebnis im Elfmeterschießen gab es für den FC Bayern in der Saison 1983/84. In der zweiten Runde des UEFA-Cups duellierten sich die Münchner mit PAOK Saloniki. In Hin- und Rückspiel fielen keine Tore, weshalb das Elfmeterschießen im Münchner Olympiastadion die Entscheidung bringen musste. Auch das Shootout ging in die Verlängerung, letztendlich verwandelte Bayerns Torwart Jean-Marie Pfaff den entscheidenden Elfmeter zum 9:8-Sieg über Saloniki.

Alle Elfmeterschießen des FC Bayern in Europapokal-Wettbewerben zusammengenommen, lautet die positive Bilanz aus Sicht der Münchner 5:1.

Kahn wird gegen Valencia zum »Titan«

Der wohl berühmteste Sieg ist auf den 23. Mai 2001 datiert. Im Champions-League-Finale gegen den FC Valencia kam es nach einem 1:1 zum Elfmeterschießen. Dabei waren die 120 Spielminuten zuvor schon von Strafstößen geprägt. Valencia erhielt bereits in der 3. Spielminute nach einem umstrittenen Handspiel von Patrik Andersson einen Elfmeter, Gaizka Mendieta verwandelte für die Spanier sicher. In der 11. Spielminute erhielt dann der FC Bayern ebenfalls einen Strafstoß zugesprochen, doch Mehmet Scholl, der zuvor in der Bundesliga stets alle seine Strafstöße verwandelt hatte, vergab die Chance zum Ausgleich. Stefan Effenberg konnte aber Scholls Fehler wiedergutmachen. Der Kapitän des FC Bayern verwandelte in der 50. Spielminute den nächsten Elfmeter für die Münchner souverän zum 1:1.

Im Elfmeterschießen selbst vergab mit Paulo Sérgio gleich der erste Schütze des FC Bayern vom Punkt aus. Auch Schütze Nummer vier, Patrik Andersson, traf nicht. Dennoch holte der FC Bayern erstmals den Henkelpott im Champions-League-Modus, da Torwart Oliver Kahn insgesamt drei Elfmeter von Valencia sensationell parierte. So ging der FC Bayern aus dem Elfmeterschießen mit 6:5 als Sieger hervor.

»Drama dahoam« gegen Chelsea

Die einzige Niederlage des FC Bayern im Elfmeterschießen innerhalb eines Europacupwettbewerbs ist wohl mit die bitterste Niederlage in der Historie der Münchner. Im »Finale dahoam« 2012 standen die Münchner kurz davor, das Endspiel der Königsklasse zu gewinnen. Doch spät gelang dem FC Chelsea der Ausgleich zum 1:1. In der Verlängerung vergab Bayerns Flügelstürmer Arjen Robben zudem einen Elfmeter gegen seinen früheren Londoner Teamkollegen Petr Čech.

Auf der Suche nach Schützen für das Elfmeterschießen bekam Bayern-Trainer Jupp Heynckes dann enorme Probleme. Einerseits waren vermeintlich sichere Schützen wie Thomas Müller bereits ausgewechselt, andererseits verweigerten einige Stars ihre Bereitschaft, einen Elfmeter zu schießen.

Das Bayern-Drama nahm seinen Lauf: Zwar vergab bei Chelsea Schütze Nummer eins, Juan Mata, seinen Versuch, doch beim FC Bayern konnte Ivica Olic als vierter Schütze ebenfalls nicht treffen. Hinzu kam, dass Bastian Schweinsteiger, der im Halbfinalrückspiel bei Real Madrid noch cool getroffen hatte, als Schütze Nummer fünf der Münchner den Ball nur an den Pfosten setzte – so siegte Chelsea im Gesamtscore mit 5:4 und feierte seinen ersten Triumph in der Königsklasse.

69 Prozent Siegquote bei Elfmeterschießen im DFB-Pokal

Im DFB-Pokal hat der FC Bayern insgesamt 16 Elfmeterschießen bestritten. Davon hat er 11 gewonnen und 5 verloren, das entspricht einer Siegquote von rund 69 Prozent.

Dreimal kam es für den FC Bayern in einem DFB-Pokal-Endspiel zum Shootout.

- 1983/84 setzten sich die Münchner mit einem Gesamtscore von 8:7 gegen Borussia Mönchengladbach durch. In jenem Finale ereignete sich der berühmte Fehlschuss von Lothar Matthäus, dessen Wechsel nach der Saison von Gladbach nach München bereits festgestanden hatte. Allerdings war Matthäus nicht der letzte Schütze der Gladbacher, sondern der erste. Das Elfmeterschießen endete erst, als Gladbachs achter Schütze, Norbert Ringels, vergab, während daraufhin

Bayerns Michael Rummenigge seinen Elfmeter verwandelte und den Sieg für die Münchner sicherte.

- Im Endspiel 1999 unterlag der FC Bayern dagegen nach Elfmeterschießen Werder Bremen mit 5:6. Die Fehlschützen aufseiten der Münchner lauteten Stefan Effenberg und Lothar Matthäus.
- Im Finale Nummer drei, bei dem der FC Bayern an einem Elfmeterschießen beteiligt war, konnten sich die Münchner wieder durchsetzen. Der FC Bayern besiegte in der Saison 2015/16 den Erzrivalen Borussia Dortmund mit 4:3.

Blamables Aus gegen den BVB

Der Sieg im 2016er-Finale gegen den BVB war quasi die Revanche für das vorzeitige Aus im Wettbewerb eine Saison zuvor. Im Halbfinale 2014/15 stand es zwischen dem FC Bayern und Borussia Dortmund nach 120 Spielminuten 1:1. Im Elfmeterschießen ereigneten sich unglaubliche Szenen in der Münchner Allianz Arena. Keiner der vier Schützen des FC Bayern konnte seinen Elfmeter verwandeln! So rutschten Philipp Lahm und Xabi Alonso vor ihren Elfmetern aus, Mario Götze scheiterte an Dortmunds Keeper Mitch Langerak und Bayern-Torwart Manuel Neuer setzte seinen Elfmeter nur an die Latte – Borussia Dortmund gewann dadurch im Elfmeterschießen mit 2:0 gegen die Münchner.

»Underdogs« Magdeburg und Kiel setzen sich durch

Bei den fünf Niederlagen bei Elfmeterschießen im DFB-Pokal zog der FC Bayern zweimal gegen einen unterklassigen Gegner den Kürzeren.

- In der Saison 2000/01 verlor der FC Bayern in der zweiten Runde bei Viertligist 1. FC Magdeburg mit 3:5 nach Elfmeterschießen. Fehlschützen auf Münchner Seite waren Jens Jeremies und Giovane Élber.
- In der Spielzeit 2020/21 unterlagen die Münchner dann bei Zweitligist Holstein Kiel mit 7:8 nach Elfmeterschießen. Bayerns Marc Roca vergab als Schütze Nummer sechs.

Noch ein Blick auf individuelle Werte in Sachen Elfmeterschießen:

Legende Gerd Müller steht in der Bundesliga auf Platz zwei bei den verwandelten Elfmetern (51), belegt aber Platz eins bei den vergebenen (12).

Eine Trefferquote von 100 Prozent in der Bundesliga – Voraussetzung sind mehr als zwei geschossene Elfmeter – weisen beim FC Bayern fünf Spieler auf:

- Mehmet Scholl, 11 verwandelte Elfmeter
- Roy Makaay, 8 verwandelte Elfmeter
- Harry Kane, 5 verwandelte Elfmeter
- Jürgen Klinsmann, 3 verwandelte Elfmeter
- Dieter Brenninger, 3 verwandelte Elfmeter

Ein Funfact noch in Sachen »Elfmeterkiller«: Torwart Oliver Kahn hat in seiner Karriere insgesamt 13 Elfmeter in der Bundesliga gehalten. Damit hat er laut transfermarkt.de einen Elfmeter mehr gehalten als Torwartlegende Sepp Maier (12). Die »Elfmeterkiller«-Quote liegt bei Kahn (21,3 Prozent) deutlich höher als bei Maier (16,7 Prozent), denn Kahn sah sich nur insgesamt 61 gegnerischen Elfmetern gegenüber, bei Maier waren es 72.

WIE FAIR SPIELT DER FC BAYERN?

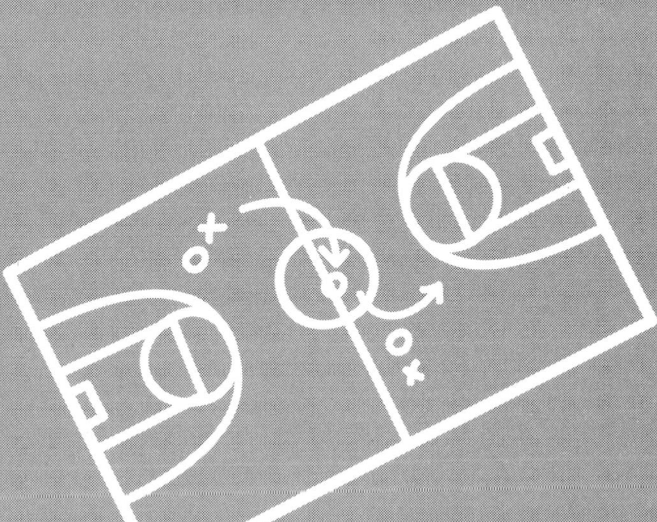

Der Deutsche Fußball-Bund (DFB) führt für die Bundesliga eine Fairplay-Tabelle. Gewertet wird dabei nach einem Strafpunktesystem: Für eine Gelbe Karte erhält das jeweilige Team einen Punkt, für Gelb-Rot sind es drei Punkte und für eine Rote Karte fünf Punkte. So schneidet der FC Bayern seit Einführung der Gelb-Roten-Karte zur Saison 1991/92 in der Fairplay-Meisterschaft ab:

DIE FAIRPLAY-MEISTERSCHAFT

Der FC Bayern konnte zwischen den Saisons 1991/92 und 2023/24 die Fairplay-Wertung neunmal gewinnen – das ist der Topwert in diesem Zeitraum. Borussia Dortmund folgt mit fünf Siegen auf Platz zwei. Den dritten Rang teilen sich der SC Freiburg und der 1. FC Kaiserslautern mit jeweils drei Siegen.

Die Münchner konnten die Wertungen in den Spielzeiten 1996/97, 2002/03, 2006/07, 2009/10, 2012/13, 2016/17, 2017/18, 2022/23 und 2023/24 für sich entscheiden. Mit Ausnahme der Spielzeiten 2006/07 (VfB Stuttgart) und 2023/24 (Bayer Leverkusen) wurden die Münchner in den besonders fairen Jahren auch deutscher Meister.

Rekord: 2012/13 nur 38 Strafpunkte

Den Fairplay-Rekord hielt lange der FC Bayern. In der Saison 2012/13 sammelte die Mannschaft von Trainer Jupp Heynckes damals nur 38 Strafpunkte. Die Strafpunkte setzten sich aus 35 Gelben Karten und einer Gelb-Roten Karte zusammen. Es gab in dieser Spielzeit keine Rote Karte für die Münchner Profis. 2021/22 war Freiburg mit 36 Punkten noch etwas anständiger.

Der Vereins-Negativrekord des FC Bayern stammt aus der Saison 1991/92. Damals gab es 100 Strafpunkte für die Münchner in insgesamt 38 Bundesligapartien. Zum Abschluss lag der FC Bayern in der Fairplay-Tabelle auf Platz 19, dem vorletzten Rang in der vorübergehend auf 20 Teams erweiterten Bundesliga. 74 Gelbe Karten, 2 Gelb-Rote Karten und 4 Platzverweise untermauerten die damalige sportliche Krise des deutschen Rekordmeisters.

In vier Saisons kassierte der FC Bayern dagegen gar keinen Platzverweis, weder eine Rote Karte noch eine Gelb-Rote Karte. Es waren die Spielzeiten 2002/03, 2006/07, 2016/17 und 2017/18.

Seit der Saison 2009/10 belegte der FC Bayern in der Fairplay-Wertung stets einen Platz in den Top Fünf der fairsten Teams. Seine maximale Strafpunktzahl in einer Saison lautete seitdem 63. Der Wert stammt aus der Saison 2023/24, als Spieler des FC Bayern 50 Gelbe Karten, eine Gelb-Rote Karte und zwei Rote Karten erhielten.

76 Platzverweise in 30 Saisons

Zwischen 1991/92 und 2023/24 haben Spieler des FC Bayern in der Bundesliga insgesamt 84 Platzverweise kassiert, aufgeteilt auf 42 Rote Karten und 42 Gelb-Rote-Karten. 84 Platzverweise in

33 Saisons macht einen Schnitt von gerundet 2,5 Platzverweisen pro Spielzeit. Oder anders gerechnet: In 1126 Bundesligaspielen flogen insgesamt 84-mal Spieler des FC Bayern vom Platz. Im Schnitt erhält in jedem 13. Bundesligaspiel des FC Bayern ein Münchner Profi einen Platzverweis.

56 Gelbe Karten pro Saison

Die Statistik zu den Gelben Karten: Zwischen 1991/92 und 2023/24 erhielten Spieler des FC Bayern in der Bundesliga insgesamt 1814-mal eine Gelbe Karte (Gelb-Rot nicht einberechnet). Auf 33 Saisons aufgeteilt, ergibt dies einen Schnitt von gerundet 55 Gelben Karten pro Saison. Umgerechnet auf den Bundesligaspieltag (1024 Spiele / 1679 Gelbe Karten) kommt folgendes Ergebnis heraus: Pro Spiel werden im Schnitt 1,61 Gelbe Karten an Profis des FC Bayern verteilt. Oder: Nach jeweils drei Bundesligapartien sind im Regelfall fünf Spieler des FC Bayern verwarnt worden.

DIE STRAFKARTENREICHSTEN SPIELE DES FC BAYERN

Die Liga-Konkurrenten des FC Bayern sind besonders motiviert, wenn es zum direkten Duell mit den Münchnern kommt. Im Duell mit dem deutschen Rekordmeister will sich jeder beweisen und versucht, über seine Leistungsgrenze hinauszugehen.

Manchmal geht es dann auf dem Spielfeld hitzig zu, die Folge: Strafkarten en masse.

14 Strafkarten bei BVB vs. FC Bayern im Jahr 2001

So ist das Spiel Borussia Dortmund gegen Bayern München vom 7. April 2001 das strafkartenreichste Spiel der Bundesligahistorie. Schiedsrichter Hartmut Strampe verteilte damals elf Gelbe Karten, eine Gelb-Rote Karte und zwei Rote Karten. Kurios: Nur drei der 14 Strafkarten erhielten Spieler des BVB (zweimal Gelb, einmal Rot). Die anderen elf Strafkarten waren Profis des FC Bayern vorbehalten, darunter Gelb-Rot für Bixente Lizarazu nach 35 Spielminuten und Rot für Stefan Effenberg nach 55 Spielminuten. Dortmunds Evanilson flog in der 3. Minute der Nachspielzeit vom Platz. Die Partie endete 1 : 1.

Hitziges Derby

Ein weiteres emotionales Duell lieferte sich der FC Bayern mit dem TSV 1860 München am 21. September 1994 im Lokalderby. Schiedsrichter Hellmut Krug musste in der Mittwochabendpartie insgesamt elf Strafkarten austeilen: achtmal Gelb (fünfmal für 1860), einmal Gelb-Rot und zweimal Rot. Aufseiten des FC Bayern flog Christian Nerlinger in der 35. Spielminute mit Gelb-Rot vom Platz. Zwei Profis von 1860 erhielten glatt Rot: Bernhard Winkler in der 70. und Manfred Schwabl in der

83. Spielminute. Der FC Bayern ging mit 3:1 als Sieger vom Platz. In der Bundesligahistorie der strafkartenreichsten Spiele belegt die Partie den geteilten Platz sechs.

Dreimal bestritt der FC Bayern noch eine Bundesligapartie, in der zehn Strafkarten verteilt wurden:

- Am 1. Mai 1999 zückte Schiedsrichter Lutz Wagner im Duell zwischen dem FC Bayern und Borussia Mönchengladbach achtmal Gelb, davon fünfmal für den FC Bayern, einmal Gelb-Rot und einmal Rot. Die Gelb-Rote Karte erhielt FC Bayern-Keeper Oliver Kahn bereits in der 26. Spielminute. Kahn hatte zunächst den Gladbacher Pettersson im Strafraum gefoult, was seine erste Gelbe Karte zur Folge hatte. Nach der Elfmeter-Entscheidung schlug Kahn den Ball noch auf die Tribüne – es folgte die zweite Verwarnung und damit Gelb-Rot. Die Rote Karte gab es später noch für Gladbachs Martin Schneider in der 83. Spielminute. Die Partie endete mit einem 4:2-Sieg für den FC Bayern.
- Ebenfalls zehn Strafkarten gab es in der Partie zwischen Bayer 04 Leverkusen und dem FC Bayern am 28. September 2002. Schiedsrichter Hellmut Krug verteilte neun Gelbe Karten, davon fünf an Spieler des FC Bayern, und einmal Gelb-Rot: Leverkusens Thomas Brdaric musste nach 37 Spielminuten vom Platz, die Werkself ging in Unterzahl dennoch mit 2:1 als Sieger vom Platz.

☞ Schiedsrichter Krug leitete noch eine weitere Partie mit Beteiligung des FC Bayern, in der er zehn Strafkarten (achtmal-Gelb, zweimal Gelb-Rot) verteilen musste. Am 19. November 1994 trennten sich der Karlsruher SC und der FC Bayern mit 2:2. Dieses Spiel, vor allem die Geschehnisse kurz vor und nach dem Schlusspfiff, ist heute noch durch einige Video-Mitschnitte auf Youtube ein viraler Hit.

Krug zeigt Kuffour Gelb-Rot

Der Verlauf des letztgenannten Spiels ist denkwürdig: Der FC Bayern ging in der 53. Minute mit 2:1 in Führung und wollte souverän den möglichen Auswärtssieg über die Zeit bringen. Doch kurz vor Spielende musste Bayern-Verteidiger Sammy Kuffour das Feld verlassen, um sich am Seitenrand behandeln zu lassen.

Schiedsrichter Krug wiederum entschied bei einer weiteren Zweikampfszene auf Freistoß für den Karlsruher SC, das umstrittene Foul ereignete sich nahe des Münchner Strafraums. Unterdessen wollte Kuffour auf das Spielfeld zurückkehren, doch weil Krug ihn übersah und kein Genehmigungszeichen erteilte, betrat Kuffour eigenständig den Platz. Den Regeln nach bedeutete dies eine Gelbe Karte für ihn – und da Kuffour schon verwarnt war, gab es nun Gelb-Rot für den Ghanaer. Dann verwandelte der KSC auch noch den Freistoß zum 2:2-Auslgeich, weil Keeper Oliver Kahn die Freistoßmauer falsch ausgerichtet hatte.

Das Spiel war aber noch nicht zu Ende, für ein weiteres Foul sah auch Bayerns Markus Schupp die Gelb-Rote Karte. Nach dem Schlusspfiff, noch auf dem Spielfeld, kam es zum Wutausbruch von FC-Bayern-Star Lothar Matthäus. Am Mikrofon des Pay-TV-Senders Premiere, des Vorläufers von Sky, sagte Matthäus unter anderem diese Sätze:

- »Ist doch eine Frechheit, was *der* pfeift! Nur in eine Richtung, Gelbe Karten für uns, Rote Karten für uns, der Freistoß, der keiner war: Der pfeift doch alles gegen uns!«
- »Des ist Arbeit, wo man leistet Samstagnachmittag – und ein Mann im Stadion bringt die Spieler um ihre Leistung, um ihre Prämie, um alles!«
- »Des ist 'ne absolute Frechheit – und wenn da der DFB nicht langsam einschreitet, dann verstehe ich das nicht mehr. Vielleicht kriege ich 'ne Sperre – aber das muss mal gesagt werden!«

Die Tage danach versuchte Matthäus, seine Aussagen noch zu relativieren. Sanktionen erhielt er dennoch ausgesprochen. Der DFB bestrafte Matthäus mit einer Sperre von einem Spiel und einer Geldstrafe von 25 000 D-Mark.

DIE »REKORDSÜNDER«

Spieler des FC Bayern erhielten also im Zeitraum 1991/92 bis 2023/24 insgesamt 84 Platzverweise in der Bundesliga. Knapp ein Viertel (23,8 Prozent / 20 Platzverweise) der 84 Roten oder Gelb-Roten Karten entfielen auf genau fünf Spieler der Münchner: Samuel Kuffour, Jérôme Boateng, Oliver Kreuzer, Oliver Kahn und Mark van Bommel.

Die BL-»Rekordsünder« des FC Bayern zwischen 1991/92 und 2023/24

Platz	Spieler	Position	Platzverweise	Gelb-Rot	Rot
1.	Samuel Kuffour	Abwehr	6	2	4
2.	Jérôme Boateng	Abwehr	5	1	4
3.	Oliver Kreuzer	Abwehr	3	1	2
3.	Oliver Kahn	Tor	3	2	1
3.	Mark van Bommel	Mittelfeld	3	3	0

Zu zwei weiteren individuellen Rankings in Sachen Strafkarten:

! Laut Angaben des *kicker* ist **Stefan Effenberg** der Profi, der in der Historie der Bundesliga die meisten Gelben Karten erhalten hat. 114 Gelbe Karten sammelte der Mittelfeldspieler in insgesamt 370 Bundesligapartien. Seine Stationen lauteten Borussia Mönchengladbach (1987–1990 und 1994–1998), FC Bayern (1990–1992 und 1998–2002) und VfL Wolfsburg

(2002/03). In der »ewigen Tabelle« der »Gelb-Sünder« sind neben Effenberg noch drei weitere Profis vertreten, die in ihrer Karriere zeitweise auch für den FC Bayern gespielt haben:

! Platz zwei belegt **David Jarolim.** Der Mittelfeldspieler aus der Tschechischen Republik lief in der Bundesliga für den FC Bayern (1997–2000), den 1. FC Nürnberg (2000–2003) und den Hamburger SV (2003–2012) auf. In 318 Bundesligapartien fing sich Jarolim 96 Gelbe Karten ein.

! Platz vier geht an **Torsten Frings.** Der Mittelfeldakteur spielte für Werder Bremen (1997–2002 und 2005–2011), Borussia Dortmund (2002–2004) und den FC Bayern (2004/05). Frings kassierte in 402 Bundesligapartien 92 Gelbe Karten.

! Auf Platz neun rangiert **Jürgen Kohler.** Der Verteidiger war für Waldhof Mannheim (1983–1987), den 1. FC Köln (1987–1989), den FC Bayern (1989–1991) und Borussia Dortmund (1995–2002) aktiv. In 398 Bundesligaspielen erhielt er 84 Gelbe Karten.

Ein Blick noch auf die Rekordhalter in Sachen Platzverweise.

! **Stefan Effenberg** war der erste Profi in der Geschichte der Bundesliga, der mit einer Gelb-Roten Karte das Spiel vorzeitig verlassen musste. Schiedsrichter Michael Malbranc zeigte Effenberg beim 3:2-Heimsieg des FC Bayern über Schalke 04 am 4. Spieltag der Saison 1991/92 Gelb-Rot. Nach 81 Spielminuten war für den Regisseur des FC Bayern der Arbeitstag damit vorzeitig beendet.

! **Dieter Danzberg** war der erste Profi des FC Bayern, der in der Bundesliga vom Platz gestellt wurde (damals noch ohne Rot oder Gelb-Rot). Bei der Bundesligapremiere des FC Bayern am 1. Spieltag der Saison 1965/66 ging es im Derby gegen den TSV 1860 München hitzig zur Sache. Danzberg lieferte sich dabei eine Dauerfehde mit 1860-Angreifer Timo Konietzka. In der 86. Spielminute griff Schiedsrichter Alfred Ott durch und verwies Danzberg nach erneutem Foulspiel vom Platz. Der FC Bayern verlor die Partie mit 0 : 1. Konietzka hatte bereits in der 1. Spielminute den Siegtreffer erzielt.

! Das Zeigen der Roten Karte an einen Spieler, um für alle sichtbar einen Platzverweis zu verdeutlichen, wurde in der Bundesliga Mitte Januar 1971 eingeführt. **Franz Roth** war der erste Spieler des FC Bayern, der per Roter Karte vom Feld geschickt wurde. Schiedsrichter Heinz Aldinger stellte den Mittelfeldspieler am 28. Spieltag der Saison 1970/71 (17. April 1971) beim 1 : 1 bei Kickers Offenbach vom Platz.

! Die meisten Platzverweise in der Bundesligahistorie hat der deutsche Ex-Nationalspieler **Jens Nowotny** (u. a. Bayer Leverkusen) erhalten. Der Abwehrspieler musste insgesamt achtmal mit Gelb-Rot oder Rot das Spielfeld verlassen.

! Auf dem geteilten Platz zwei folgt **Jérôme Boateng**, der in Diensten seiner Klubs Hamburger SV und FC Bayern insgesamt siebenmal (zweimal Gelb-Rot, fünfmal Rot) in der Bundesliga vom Platz gestellt wurde.

! Nimmt man alle Pflichtspiele als Profi zusammen, kommt **Jérôme Boateng** auf elf Platzverweise (viermal Gelb-Rot, siebenmal Rot). Zweimal Gelb-Rot kassierte er bei Länderspielen für die deutsche Nationalmannschaft.

! Ebenso wie Boateng weist **Stefan Effenberg** sieben Platzverweise (viermal Gelb-Rot, dreimal Rot) in der Bundesliga auf.

! Auf dem geteilten dritten Platz liegt **Samuel Kuffour**, der im Dress des FC Bayern insgesamt sechs Platzverweise erhielt (zweimal Gelb-Rot, viermal Rot).

DIE KONKURRENZ »KAPUTT KAUFEN«?

So agiert der FC Bayern auf dem Transfermarkt

REKORD-TRANSFERS

Der FC Bayern ist regelmäßig auf dem Transfermarkt aktiv und sorgt oftmals für spektakuläre Transfers. Von den fünf teuersten Zugängen in der Bundesligahistorie stehen laut transfermarkt.de vier in der Bilanz des FC Bayern. Den Rekordtransfer stellt Harry Kane dar. Der englische Torjäger wechselte zur Saison 2023/24 von Tottenham Hotspur zum FC Bayern. Die Ablösesumme betrug 95 Millionen Euro.

Die teuersten Zugänge in der Bundesliga

Rang	Spieler	Saison	Abgebender Klub	Aufnehmender Klub	Ablöse in Mio.
1.	Harry Kane	2023/24	Tottenham Hotspur	FC Bayern	95
2.	Lucas Hernández	2020/21	Atlético Madrid	FC Bayern	80
3.	Matthijs de Ligt	2022/23	Juventus Turin	FC Bayern	67
4.	Leroy Sané	2020/21	Manchester City	FC Bayern	52
5.	Minjae Kim	2023/24	SSC Neapel	FC Bayern	50

Quelle: transfermarkt.de

Die teuersten Abgänge des FC Bayern

Es wirkt dagegen überraschend, dass der FC Bayern in der Kategorie der teuersten Abgänge aus der Bundesliga nicht auf den vorderen Plätzen vertreten ist. Robert Lewandowski, der seinen

Abgang zum FC Barcelona im Sommer 2022 erzwang, ist mit 45 Millionen Euro der Rekordverkauf. In anderen Dimensionen bewegt sich Borussia Dortmund, dessen Politik es ist, junge Spieler zu kaufen, zu entwickeln und mit Gewinn weiterzuveräußern. Der BVB erlöste für Ousmane Dembele (2017 zum FC Barcelona) 135 Millionen Euro, für Jude Bellingham (2023 zu Real Madrid) 103 Millionen.

Dass der FC Bayern in diesem Ranking kaum auf den vorderen Plätzen vertreten ist, liegt vor allem an der Prämisse des deutschen Rekordmeisters, kein »Verkäuferklub« sein zu wollen. Gemeint ist damit, dass der FC Bayern seine besten Spieler lieber langfristig an den Klub binden will, statt seine Topstars für einen großen finanziellen Gewinn zur internationalen Konkurrenz ziehen zu lassen.

Rekordverkäufe des FC Bayern

1. **Robert Lewandowski** wurde 2022 für 45 Millionen Euro an den FC Barcelona abgegeben.
2. **Douglas Costa** wechselte 2017/18 für 40 Millionen Euro zu Juventus Turin.
3. **Mats Hummels** ging 2019/20 für 30,5 Millionen Euro zurück zu Borussia Dortmund.
4. **Sadio Mané** wurde 2023 für 30 Millionen Euro zum saudischen Klub Al-Nassr transferiert. Den gleichen Betrag brachte der Verkauf von **Benjamin Pavard** 2023 an Inter Mailand ein.

WO DER FC BAYERN AM HÄUFIGSTEN AUF DEM TRANSFERMARKT ZUGREIFT

Auf dem nationalen Transfermarkt muss sich der FC Bayern seit Jahrzehnten den Vorwurf gefallen lassen, er kaufe die Konkurrenz »kaputt«. Die Münchner Klubführung hält dann meist entgegen, dass es zu den Pflichtaufgaben des FC Bayern gehöre, einen Teil der besten Spieler der Bundesliga zu verpflichten. Denn sonst würden jene Spieler die Bundesliga verlassen und die internationale Konkurrenz stärken.

Auffällig ist dennoch: Wer den FC Bayern in der Bundesliga sportlich ärgert, muss sich auf dem Transfermarkt in Acht nehmen. Vier Beispiele:

1. **Werder Bremen** gewann die deutsche Meisterschaft 1992/93 und spielte auch 1994/95 um den Titel. Zur Saison 1995/96 wechselte dann neben Trainer Otto Rehhagel auch Regisseur Andreas Herzog von Bremen nach München. 1996/97 zog zudem Superdribbler Mario Basler nach und unterschrieb einen Vertrag beim FC Bayern. Werder Bremen hatte daraufhin zwischen 1995/96 und 2002/03 nichts mehr mit dem Kampf um die Meisterschaft zu tun.
2. **Bayer 04 Leverkusen** war um die Jahrtausendwende quasi der Dauerrivale von Bayern München um Platz eins. Zur Saison 2001/02 wechselte dann Leverkusens Abwehrchef Robert Kovac an die Isarmetropole. Eine Saison darauf folgten Leverkusens Regisseur Michael Ballack sowie Flügelstürmer Zé Roberto ihrem Ex-Teamkollegen Kovac nach

München nach. Die Werkself entrann in der Saison 2002/03 nur knapp dem Abstieg, danach war Leverkusen lange bestenfalls wieder ein Europacupstarter. Erst 2023/24 veränderte »Vizekusen« sein Image.

3. **Borussia Dortmund** gewann 2011 die deutsche Meisterschaft und 2012 sogar das Double, der FC Bayern war blamiert. Dann folgte die Gegenoffensive auch auf dem Transfermarkt: 2013 wechselte BVB-Superstar Mario Götze nach München. 2014 ging Stürmerstar Robert Lewandowski ablösefrei zum FC Bayern. 2016 zog es auch Abwehrchef Mats Hummels zurück in seine Heimat München. Der BVB blieb zwar in der Bundesliga einer der schärfsten Konkurrenten des FC Bayern, doch für einen weiteren Meistertitel reichte es nicht mehr. Wobei 2023 der BVB es erst am letzten Spieltag vermasselte.
4. **RB Leipzig** galt ab 2015/16 als kommender Gigant im deutschen Fußball, 2020/21 wurde dies mit der deutschen Vizemeisterschaft unterstrichen. Doch im Sommer 2021 folgte ein enormer Rückschlag: Trainer Julian Nagelsmann, Abwehrchef Dayot Upamecano und Kapitän Marcel Sabitzer sowie einige Mitarbeiter aus dem Staff wechselten zum FC Bayern. RB Leipzig spielte eine miserable Hinrunde 2021/22 und musste den neuen Trainer Jesse Marsch bereits nach 14 Spieltagen austauschen. Danach holte der FC Bayern mit Konrad Laimer einen weiteren Leipziger. Auch Joshua Kimmich, 2015 gekommen, hat RB-Vergangenheit.

Wirklich »kaputt gekauft« wurde aber wohl nur der Karlsruher SC. In den 1990er-Jahren ärgerten die Badener mehrmals den FC Bayern. Der KSC siegte zum Beispiel im Februar 1996 mit 4:1 in München! KSC-Trainer Winfried Schäfer förderte zahlreiche Talente und etablierte den Klub in den Top Sechs der Bundesligatabelle. Die Folge: Zahlreiche finanzkräftige Teams schnappten sich die Karlsruher Talente – an vorderster Stelle: der FC Bayern.

- 1990 wechselte Spielmacher **Michael Sternkopf** zum FC Bayern.
- 1991 ging auch Verteidiger **Oliver Kreuzer** den Weg von Karlsruhe nach München.
- 1992 zog Spielmacher **Mehmet Scholl** nach.
- 1994 holte der FC Bayern Karlsruhes Torwart **Oliver Kahn**.
- 1997 folgten vom KSC Linksverteidiger **Michael Tarnat** und Mittelfeldspieler **Thorsten Fink.**
- Mit Kahn, Scholl, Tarnat und Fink gewannen vier dieser sechs ehemaligen Karlsruher Profis dann 2001 die Champions League mit dem FC Bayern.

Der Karlsruher SC stieg dagegen 1997/98 aus der Bundesliga ab. Seitdem haben die Badener nur noch zwei Saisons im Oberhaus (2007–2009) verbracht.

Am häufigsten hat der FC Bayern im Zeitraum 1965 bis 2021 aber beim Personal eines anderen nationalen Konkurrenten zugegriffen: des VfB Stuttgart. Insgesamt wechselten zehn Stars vom Neckar an die Isar, darunter so prominente Namen wie Dieter Hoeneß (1979), Giovane Élber (1997), Mario Gómez (2009), Joshua Kimmich (2015 – vom VfB gerade zurückgekauft von Leipzig) und Benjamin Pavard (2019).

Die 10 Spielertransfers vom VfB Stuttgart zum FC Bayern

Spieler	Position	Transfer zur Saison	Ablösesumme in Euro
Zlatko Škorić	Torwart	1972/73	unbekannt
Dieter Hoeneß	Stürmer	1979/80	90 000
Bernd Martin	Stürmer	1982/83	300 000
Thomas Strunz	Mittelfeld	1995/96	2,5 Mio.
Giovane Élber	Stürmer	1997/98	6,5 Mio.
Pablo Thiam	Mittelfeld	2001/02	ablösefrei
Mario Gómez	Stürmer	2009/10	30 Mio.
Sven Ulreich	Torwart	2015/16	3,5 Mio.
Joshua Kimmich	Abwehr/Mittelfeld	2015/16	8,5 Mio.
Benjamin Pavard	Abwehr	2019/20	35 Mio.

Umgekehrt gab der FC Bayern im Zeitraum seit 1965 am häufigsten Spieler an den bayerischen Rivalen 1. FC Nürnberg ab. Inklusive Leihspielern wechselten 21 Spieler vom FC Bayern zum Club. Der prominenteste Name dabei dürfte Uli Hoeneß sein. Der Außenstürmer, von Verletzungen geplagt, versuchte in der Saison 1978/79 auf Leihbasis noch mal sein Bestes. Doch in elf

Bundesligaeinsätzen für den 1. FC Nürnberg – die Franken stiegen am Ende der Spielzeit in die 2. Liga ab – blieb Hoeneß ohne Tor. So beendete er im Frühjahr 1979 im Alter von 27 Jahren seine Profikarriere und übernahm das Amt als Manager des FC Bayern.

Auch international hat der FC Bayern beliebte Anlaufstellen in Sachen Transfers. Die Münchner kauften bereits jeweils viermal einen Spieler bei den spanischen Topklubs Real Madrid und FC Barcelona ein oder tätigten ein Leihgeschäft.

Von Real Madrid holte der FC Bayern:

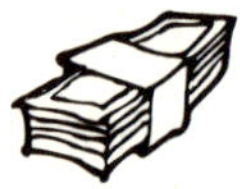

- Arjen Robben im Jahr 2009
- Xabi Alonso im Jahr 2014
- James Rodríguez im Jahr 2017 (Leihe)
- Álvaro Odriozola im Winter 2020/21 (Leihe)

Vom FC Barcelona zum FC Bayern wechselten:

- Mark Hughes im Jahr 1987 (Leihe)
- Mark van Bommel im Jahr 2006
- Thiago im Jahr 2013
- Philippe Coutinho im Jahr 2019 (Leihe)

International als größter Abnehmer von Spielern des FC Bayern entpuppt sich Juventus Turin. Der italienische Topklub holte bereits sechs Profis aus München. 1991 kauften die Italiener gleich im Doppelpack das Weltmeisterduo Stefan Reuter und Jürgen Kohler für insgesamt über 10 Millionen Euro ein. Hasan Salihamidzic, der heutige Sportvorstand des FC Bayern, ging 2007 ablösefrei nach Turin. Bei Medhi Benatia und Douglas Costa ging jeweils ein Leihgeschäft voraus, bevor Turin sie endgültig verpflichtete.

Die 6 Spielertransfers vom FC Bayern zu Juventus Turin

Spieler	Position	Transfer zur Saison	Ablösesumme in Euro
Stefan Reuter	Abwehr	1991/92	2,9 Mio.
Jürgen Kohler	Abwehr	1991/92	7,5 Mio.
Robert Kovac	Abwehr	2005/06	ablösefrei
Hasan Salihamidzic	Mittelfeld	2007/08	ablösefrei
Medhi Benatia	Abwehr	2017/18	16,7 Mio.
Douglas Costa	Stürmer	2018/19	40 Mio.

TORSTENSSON UND MAKAAY – ZWEI ANGRIFFSMASCHINEN FÜR DEN FC BAYERN

Immer wieder eine beliebte Methode des FC Bayern auf dem Transfermarkt: Spielt ein Angreifer in einer besonderen Partie gegen die Münchner stark auf, kann er im Anschluss durchaus mit einer Transferanfrage des deutschen Rekordmeisters rechnen. Zwei Beispiele:

- In der Saison 1973/74 setzte sich der FC Bayern in der ersten Runde des Landesmeistercups erst im Elfmeterschießen gegen den schwedischen Underdog Åtvidabergs FF durch. Besonders Stürmer **Conny Torstensson** machte dem FC Bayern das Leben schwer. Im Rückspiel hatte der schwedische Stürmer das zwischenzeitliche 1:0 und 3:0 gegen die Münchner erzielt. Später verwandelte er als erster Schütze auch seinen Elfmeter im Shootout. Die Partie fand im Oktober 1973 statt – im Winter 1973/74 durfte Torstensson bereits seine Zelte in München aufschlagen. In 119 Pflichtspielen bis zum Sommer 1977 traf Torstensson dann für die Münchner 25-mal ins Netz. Zudem stand er in den Endspielen des Landesmeistercups 1974 und 1975 in der Startelf.
- Ein ähnlich gelagerter Transfer war jener von Stürmer **Roy Makaay.** Zur Saison 2002/03 startete der FC Bayern als ein Topfavorit auf den Titel in der Champions League, doch bereits beim Auftaktspiel im Münchner Olympiastadion folgte die Ernüchterung. Der FC Bayern verlor gegen Deportivo La Coruña überraschend mit 2:3. Alle drei Tore für die Gäste aus Spanien steuerte Roy Makaay bei. In der Saison darauf wechselte der niederländische Stürmer zum FC Bayern und stieg zum Publikumsliebling auf. Das »Phantom« konnte in der Folge in seinen vier Jahren beim deutschen Rekordmeister in 183 Pflichtspielen 103 Treffer erzielen.

LEGIONÄRE BEIM FC BAYERN

Bereits zahlreiche Profis aus dem Ausland haben für den FC Bayern gespielt und sind zu Publikumslieblingen aufgestiegen.

Im FC-Bayern-Kader der Saison 2023/24 befanden sich 17 Legionäre. Die meisten von ihnen stammen aus Frankreich: Kingsley Coman, Dayot Upamecano, Sacha Boey und Mathys Tel.

Auch in der Bundesligahistorie des FC Bayern liegen der Anzahl nach mittlerweile Legionäre aus Frankreich im Ranking vorne. Bereits 16 Spieler aus Frankreich spielten für den deutschen Rekordmeister. Aus Brasilien stammten insgesamt 13 Profis. Österreicher sind es bisher ebenso viele.

Legionäre beim FC Bayern: die Top 9

Rang	Land	Anzahl
1.	Frankreich	16
2.	Brasilien	13
2.	Österreich	13
4.	Kroatien	11
4.	Niederlande	11
6.	Dänemark	9
7.	Spanien	8
8.	Türkei	5
8.	Schweden	5

Der Österreicher David Alaba und der Franzose Franck Ribéry sind übrigens die Legionäre mit den meisten Pflichtspieleinsätzen für den FC Bayern. Alaba brachte es als Defensivakteur zwischen 2010 und 2021 auf 431 Einsätze für den deutschen Rekordmeister. Flügelstürmer Franck Ribéry kam zwischen 2007 und 2019 auf 425 Pflichtspiele für die Roten.

Darüber hinaus ist Alaba mit zehn Titeln zudem der Legionär, der am häufigsten die deutsche Meisterschaft gewinnen konnte.

WIE DER FC BAYERN SEIN GELD VERDIENT

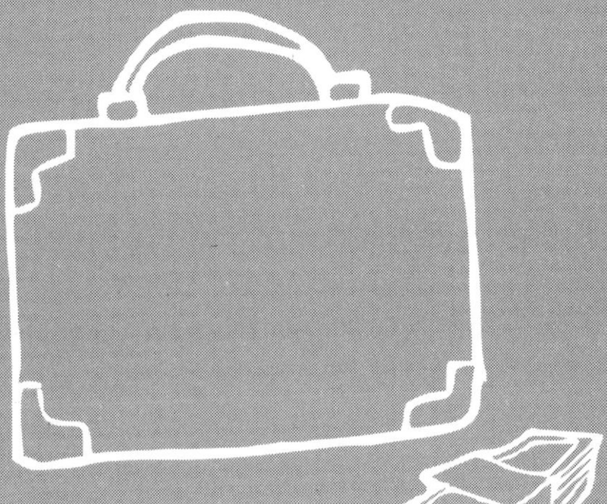

Der FC Bayern gilt als der vermögendste Fußballverein in Deutschland. In den vergangenen Jahren hat der Klub in der Regel Rekordumsätze vermeldet, erst durch die Coronapandemie waren die Zahlen rückläufig.

Woher kommt das Geld? Der Blick geht hier vor allem in das neue Jahrtausend:

Ende 2001 / Anfang 2002 ging der Verein einen neuen Weg, indem er seine Profiabteilung (inklusive 2. Mannschaft, A- und B-Jugend sowie die Frauenmannschaft) in die FC Bayern München AG ausgliederte, allerdings ohne an der Börse notiert zu sein. Der Verein holte sich nach und nach strategische Partner mit ins Boot. Zuerst sagte der Sportartikelhersteller Adidas zu. 2009 folgte der Automobilhersteller Audi, danach der Versicherungskonzern Allianz. Heute verhält es sich so: Der Stammverein FC Bayern München e. V. besitzt 75 Prozent der Anteile an der AG, die Mitaktionäre Adidas, Audi und Allianz haben sich für einen gewissen Betrag eingekauft und besitzen jeweils 8,33 Prozent der Aktien.

Eine große Einnahmequelle für den FC Bayern ist das Sponsoring. Als prestigeträchtig (und teuer) gilt es, der Haupt- und Trikotsponsor des deutschen Rekordmeisters zu sein. So soll die Telekom laut *tz* rund 35 Millionen Euro jährlich an den FC Bayern überweisen.

Die Trikotsponsoren des FC Bayern seit 1974

☞ Adidas (1974–1978)
☞ Magirus Deutz (1978–1981)
☞ Iveco Magirus (1981–1984)
☞ Commodore (1984–1989)
☞ Opel (1989–2002)
☞ Deutsche Telekom (ab 2002)

Seit der Saison 2017/18 ist auch ein Sponsor am Trikotärmel erlaubt. Beim FC Bayern war dies bis 2023 die Fluggesellschaft Qatar Airways. Dieses Sponsoring galt als umstritten aufgrund der Menschenrechtslage in Katar, allerdings stellt es ein gutes Geschäft für den Klub dar. Laut *Bild*-Zeitung sollen es 17 Millionen Euro pro Jahr gewesen sein, die die Fluggesellschaft an den FC Bayern überwies.

Darüber hinaus hat der Verein noch weitere Sponsoren hinter sich vereint, die er in Kategorien wie »Platin Partner« (11), »Gold Partner« (2) und »Official Partner« (10) unterteilt und durch die er ebenfalls Einnahmen generiert.

Ein Vorteil für den FC Bayern ist darüber hinaus, dass er mittlerweile alleiniger Eigentümer der Allianz Arena ist. So entfallen für ihn teure Stadionmieten, belastende Kredite sind bereits abbezahlt. An einem gewöhnlichen Spieltag kann der Klub durch Zuschauereinnahmen, Catering und anderes mehr als 3 Millionen Euro einnehmen, wie aus dem Finanzbericht der UEFA für 2023 hervorging.

Eine wichtige Säule ist der Bereich Merchandising, insbesondere der Verkauf von Fanartikeln. In der Saison 2022/23 durchbrach der FC Bayern im Merchandising die Marke von 100 Millionen Euro Umsatz. Nebenher dehnt er seine Aktivitäten über das Kerngebiet Bayern und Deutschland aus. So betreibt der Klub Büros in New York (seit 2014), Schanghai (2017) und Bangkok (2022) und geht unterschiedliche (Marketing-)Partnerschaften ein. Unter anderem kooperieren die Münchner mit dem Topteam aus der NFL, den Kansas City Chiefs. Mit dem Los Angeles Football Club wurde die Talente-Plattform »Red & Gold Football« gegründet.

Ein weiterer Eckpfeiler auf der Einnahmeseite sind die TV-Gelder. Der Ligaverband DFL handelte dabei TV-Verträge aus, die insgesamt mit rund einer Milliarde Euro dotiert sind. Nach einem festgelegten Verteilerschlüssel zahlt die DFL jährlich Prämien an die Vereine aus. Der FC Bayern erreichte zuletzt als erster Klub mehr als 100 Millionen Euro pro Saison aus der nationalen und internationalen TV-Vermarktung.

Ein letzter großer Faktor sind die Erfolgsprämien aus der Champions League. Der Dienst »Off The Pitch« berichtete Anfang des Jahres 2022, dass der FC Bayern seit der Saison 2016/17 rund 622 Millionen Euro an Prämien in der Königsklasse eingespielt habe. Im Schnitt sind das also deutlich über 100 Millionen Euro pro Saison. Diese Marke knackten die Münchner auch 2024 wieder mit Erreichen des Halbfinales.

Für viele Vereine ist auch der Verkauf von Spielern eine wesentliche Einnahmequelle. Wie an anderer Stelle in diesem

Buch erwähnt, will der FC Bayern aber kein »Verkäuferklub« sein, weshalb sich bei ihm die Transfererlöse meist in Grenzen halten.

In der Regel hält der FC Bayern gegen Ende des Jahres, meist im November, eine Mitgliederversammlung ab und zieht dabei auch eine finanzielle Bilanz der abgelaufenen Saison. Es ist fast schon üblich, dass der Verein jährlich eine Rekordzahl präsentieren kann – abgesehen von der Delle, die die Coronapandemie vor allem für die Spielzeit 2020/21 verursachte.

Der FC Bayern bezeichnet sich selbst als Konzern, und das untermauert die Bilanz: 854,2 Millionen Euro betrug der Umsatz im Geschäftsjahr 2022/23. Damit sorgt der FC Bayern für ein Viertel des Einkommens der gesamten Ersten Bundesliga (2021/22 waren es laut Wirtschaftsreport der DFL 3,61 Milliarden Euro), außerdem sind die Münchner so gewichtig wie die mit Traditionsklubs bestückte Zweite Liga (2021/22: 867,8 Millionen Euro).

Wesentliche Einnahmequelle des FC Bayern sind die Erlöse aus Sponsoring und Vermarktung. Da lag er sogar in der Coronasaison 2020/21 bei 206,7 Millionen Euro.

Beim Merchandising, das in den 80er-Jahren Manager Uli Hoeneß bei einer Studienreise in die USA beim American Football entdeckt hatte, liegt der FC Bayern seit 2021 über der 100-Millionen-Marke.

Bei den Einnahmen aus der medialen Vermarktung liegt der FC Bayern verlässlich im dreistelligen Millionenbereich.

Der Wirtschaftsreport der Deutschen Fußball Liga listet für die Münchner auch folgende beeindruckende Zahlen auf:

441,8 Millionen Euro beträgt das Anlagevermögen, 264,735 Millionen Euro das Umlaufvermögen. Der FC Bayern verfügt über ein Eigenkapital von über einer halben Milliarde Euro (503,96 Millionen).

Und wie setzt der FC Bayern sein Geld ein?

Natürlich muss er die höchsten Personalkosten in der Bundesliga decken. Der Aufwand für alle Angestellten – sowohl die Profis als auch die Mitarbeitenden der Verwaltung – betrug 2021/22 (DFL-Wirtschaftsreport 2023) 348,597 Millionen Euro.

Neue Stars kosten Ablöse (bei Harry Kane kam man 2023 den 100 Millionen nahe) und Handgeld, und auch die Beraterbranche verdient am Primus der Liga. 35,435 Millionen Euro mussten die Bayern im letzten Erfassungszeitraum der DFL an die Agenten zahlen.

Die Jahresumsätze und Jahresgewinne (nach Steuern) der FC Bayern München AG in den vergangenen zehn Jahren im Überblick (alle Angaben in Millionen Euro)

Saison	Umsatz	Gewinn
13/14	528,7	16,5
14/15	523,7	23,8
15/16	626,8	33,0
16/17	640,5	39,2
17/18	657,4	29,5

18/19	750,4	52,5
19/20	698,0	9,8
20/21	643,9	1,9
21/22	665,7	12,7
22/23	854,2	35,7

Der Jahresumsatz von 854,2 Millionen Euro aus der Saison 2022/23 ist All-Time-Rekord für den FC Bayern und zugleich unter allen Bundesligaklubs.

Im genannten Zeitraum 2013/14 bis einschließlich 2022/23 machte die FC Bayern München AG einen Gewinn von insgesamt 254,6 Millionen Euro. Der Rekord stammt aus der Saison 2018/19 mit einem Gewinn von 52,5 Millionen Euro.

Zu beachten ist: Voraussetzung für den wirtschaftlichen Erfolg war der sportliche Erfolg des FC Bayern, der ab 2013 elfmal die deutsche Meisterschaft gewonnen und international zwischen 2011/12 und 2023/24 insgesamt dreimal das Finale (zwei Siege) der Champions League und noch weitere fünfmal das Halbfinale der Königsklasse erreicht hat. Auch gab es günstige Rahmenbedingungen für einen Fußballhype in Deutschland, ursprünglich ausgelöst durch die berauschende Heim-Weltmeisterschaft 2006.

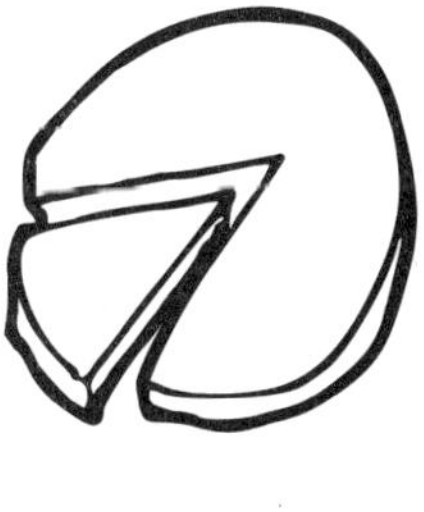

Wie stark der FC Bayern wirtschaftlich aufgestellt ist, zeigt der kleine Gewinn in der Coronakrise. Anders als die meisten Profivereine in Deutschland hatte der FC Bayern keine staatlichen Hilfen wie etwa Kurzarbeitergeld für seine Angestellten in Anspruch genommen.

VON OLYMPIASIEGERN UND JUNGSPUNDEN

Die Trainer des FC Bayern

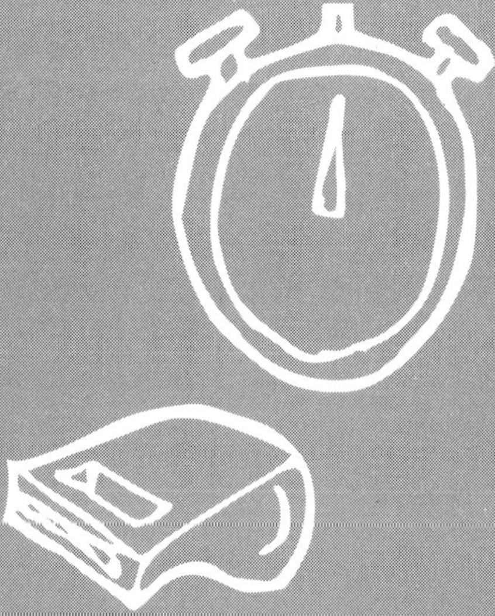

LERBY UND NAGELSMANN VORN: DIE JÜNGSTEN TRAINER DES FC BAYERN

Der FC Bayern hat in seiner Historie zahlreiche Persönlichkeiten als Trainer verpflichtet. Womöglich glaubt man im ersten Moment, dass es für die Stars des FC Bayern einen älteren Übungsleiter braucht, der mit all seiner (Lebens-)Erfahrung die Stars zähmen und zu einer Mannschaft formen kann. Doch oftmals wählte der FC Bayern genau den gegenteiligen und zugleich sehr mutigen Weg. Die Münchner verpflichteten bereits mehrfach Trainer, die bei Amtsantritt unter 40 Jahre alt waren – zur Saison 2024/25 mit dem Belgier Vincent Kompany einen 38-Jährigen, der gerade aus der englischen Premier League abgestiegen war, aber als talentierter Übungsleiter gilt. Manche Coaches waren jünger als ein Teil ihrer Spieler. Fast immer hatten die jungen Coaches dennoch große Erfolge in München zu feiern. Zunächst ein Überblick über die jüngsten Trainer des FC Bayern bei Dienstantritt:

Rang	Name	Dienstantritt	Alter
1.	Sören Lerby	9.10.1991	33
2.	Julian Nagelsmann	1.7.2021	33
3.	Udo Lattek	14.3.1970	35
4.	Branko Zebec	1.7.1968	39
5.	Zlatko Čajkovski	1.7.1963	39

In die Statistik flossen nur Trainer ein, die mindestens für fünf Spiele den FC Bayern in der Bundesliga betreut haben. Sören

Lerby und Julian Nagelsmann übernahmen den FC Bayern jeweils mit 33 Jahren. Lerby war allerdings nochmals 94 Tage jünger als Nagelsmann bei Dienstantritt, weshalb der erste Platz in diesem Ranking an Lerby geht.

Aus den Top Fünf der jüngsten Trainer in der Bundesligahistorie des FC Bayern ist Lerby das Negativbeispiel in Sachen sportlicher Erfolg. Der Däne konnte 1991 die sportliche Talfahrt der Münchner Richtung Tabellenkeller nicht stoppen und musste bereits nach rund sechs Monaten im März 1992 wieder abdanken. Julian Nagelsmann wurde nach eindreiviertel Jahren entlassen, allerdings zu einem Zeitpunkt, als die Mannschaft in allen drei Wettbewerben noch aussichtsreich im Rennen lag. Ehrenpräsident Uli Hoeneß bezeichnete die Trennung in der Retrospektive als Fehler.

Zlatko »Tschik« Čajkovski führte den FC Bayern 1965 in die Bundesliga und holte mit den Münchnern 1966 und 1967 den DFB-Pokal. 1967 folgte der erste Triumph auf europäischer Ebene mit dem Sieg im Europapokal der Pokalsieger.

Eine erfolgreiche Zusammenarbeit entstand auch mit Branco Zebec. Der Kroate wurde genau an seinem 40. Geburtstag (17.5.1969) mit dem FC Bayern erstmals deutscher Meister im Bundesligamodus. Zugleich war es auch die Saison, in der die Münchner erstmals das Double gewannen.

Auf Čajkovski und Zebec folgte auf der Trainerbank des FC Bayern mit Udo Lattek erneut ein Coach, der unter 40 Jahre alt war. Lattek übernahm im März 1970 die Geschicke beim FC Bayern. Er gewann in seiner ersten Amtszeit in München zunächst

1971 den DFB-Pokal, es folgten drei Meistertitel am Stück zwischen 1972 und 1974 sowie der Triumph im Landesmeistercup 1974.

SO ERFOLGREICH WAREN DIE FC-BAYERN-COACHES ALS SPIELER

Zahlreiche Trainer des FC Bayern waren bereits als Spieler sehr erfolgreich. Im Folgenden ein kurzer Blick auf die Münchner Coaches, die als Vereinsspieler den Europapokal der Landesmeister beziehungsweise die Champions League gewonnen und später den FC Bayern mindestens zwei Monate als Chefcoach angeführt haben. Dabei handelt es sich um sieben Trainer:

Sören Lerby coachte den FC Bayern von Oktober 1991 bis März 1992. Als Spieler war er für die Münchner von 1983 bis 1986 aktiv, den Landesmeistercup gewann er jedoch 1988 mit dem niederländischen Topklub PSV Eindhoven.

Franz Beckenbauer war 1994 und 1996 zweimal Interimstrainer des FC Bayern. Als Spieler holte er mit den Münchnern zwischen 1974 und 1976 dreimal den Landesmeistercup.

Giovanni Trapattoni gewann 1997 die deutsche Meisterschaft mit dem FC Bayern. Als Spieler des AC Mailand holte er den Landesmeistercup 1963 und 1969.

Felix Magath holte mit dem FC Bayern zweimal in Folge das Double (2005, 2006). Als Regisseur schoss er den Hamburger SV im Finale des Landesmeistercups 1983 zum 1:0-Sieg gegen Juventus Turin.

Louis van Gaal feierte mit dem FC Bayern das Double 2010. Als Spieler stand er einst in Diensten von Ajax Amsterdam. Auch wenn er nicht zum Einsatz im Wettbewerb kam: Formal gehörte er dem Ajax-Kader an, der 1973 den Landesmeistercup gewann.

Pep Guardiola führte als Trainer den FC Bayern zu den nationalen Meisterschaften 2014 bis 2016. Als Spieler gewann er mit dem FC Barcelona den Landesmeistercup im Jahr 1992.

Carlo Ancelotti holte als Trainer 2016/17 mit dem FC Bayern die deutsche Meisterschaft. Als zentraler Mittelfeldspieler reüssierte er mit dem AC Mailand im Landesmeistercup 1989 und 1990.

Drei Trainer des FC Bayern wurden einst als Spieler Welt- und Europameister. Hier ist zunächst **Franz Beckenbauer** anzuführen, der mit Deutschland 1972 die Europameisterschaft und 1974 die Weltmeisterschaft gewann.

Teamkollege von Beckenbauer bei beiden Triumphen war **Jupp Heynckes**, der den FC Bayern später insgesamt viermal trainierte und 2013 das Triple gewann.

Jürgen Klinsmann, Trainer des FC Bayern zwischen Juli 2008 und April 2009, wurde ebenfalls Weltmeister (1990) und Europameister (1996).

Einmal Europameister (1980) und zweimal Vize-Weltmeister (1982, 1986) wurde zudem **Felix Magath**.

Und ein Bayern-Trainer gewann als Spieler die Goldmedaille beim olympischen Fußballturnier: **Gyula Lóránt**, der die

Münchner von Dezember 1977 bis Dezember 1978 coachte, wurde mit Ungarn 1952 Olympiasieger und 1954 Vize-Weltmeister. Im Olympia-Endspiel 1952 traf Lóránt mit seinen Ungarn auf das ehemalige Jugoslawien. In deren Team waren die späteren Bayern-Coaches Zlatko Čajkovski (1963–1968) und Branko Zebec (1968–1970). Zebec wurde mit sieben Treffern Torschützenkönig des Turniers.

LATTEK MIT TOPWERT: DIE DIENSTÄLTESTEN TRAINER DES FC BAYERN

Die Faustregel ist simpel: Wer beim FC Bayern kontinuierlich Erfolg hat, sichert sich in der Regel damit seinen Arbeitsplatz. Doch kontinuierlichen Erfolg zu haben beim FC Bayern, ist trotz zahlreicher Topstars in der Mannschaft keine Selbstverständlichkeit.

Seit 1992 haben nur Ottmar Hitzfeld, Felix Magath und Pep Guardiola über mehr als zwei komplette Saisons hinaus den FC Bayern betreuen dürfen. Hansi Flick hätte diese Marke wohl auch erreicht, doch er wechselte 2021 aus eigenem Antrieb nach eindreiviertel Jahren als Chefcoach des FC Bayern zum DFB und übernahm das Amt des Bundestrainers. Irgendwie sind Trainer beim FC Bayern auch Überlebenskünstler. Hier eine Übersicht über die dienstältesten Trainer des FC Bayern ab der Saison 1963/64:

Rang eins geht an **Udo Lattek**. Er coachte den FC Bayern von März 1970 bis Januar 1975 und von Juli 1983 bis Juni 1987. Insgesamt kam Lattek, der im Februar 2015 im Alter von 80 Jahren verstorben ist, auf 3216 Diensttage beim FC Bayern – das ist der Topwert bei den Münchnern.

Ottmar Hitzfeld ist dagegen der Trainer, der innerhalb einer Amtsperiode den FC Bayern am längsten trainiert hat. Hitzfeld startete im Juli 1998 in München und blieb zunächst sechs (!) Jahre bis zum Juni 2004 Trainer des deutschen Rekordmeisters (2191 Diensttage). Kein anderer Übungsleiter hielt sich beim FC Bayern länger im Amt. Die zweite Amtszeit von Hitzfeld ging von Januar 2007 bis Juni 2008. Insgesamt kam Hitzfeld auf 2707 Diensttage beim FC Bayern, was in diesem Ranking Platz zwei bedeutet.

Jupp Heynckes ist wiederum der Rekord-Rückkehrer auf der Trainerbank des FC Bayern. Nach seiner ersten Amtszeit von Juli 1987 bis Oktober 1991 (1560 Diensttage) kehrte er noch dreimal zum FC Bayern zurück. Seine weiteren Amtszeiten liefen von April bis Juni 2009, von Juli 2011 bis Juni 2013 und von Oktober 2017 bis Juni 2018. Insgesamt brachte es Heynckes auf 2618 Diensttage beim FC Bayern.

Platz vier mit 1826 Diensttagen geht an **Zlatko Čajkovski**. Der Kroate übernahm den FC Bayern im Juli 1963 in der damaligen 2. Liga, führte ihn 1965 in die Bundesliga und blieb noch bis 1968 im Amt.

Dienstälteste Trainer des FC Bayern ab der Saison 1963/64

Rang	Trainer	Diensttage	Amtsperioden
1.	Udo Lattek	3216	2
2.	Ottmar Hitzfeld	2707	2
3.	Jupp Heynckes	2618	4
4.	Zlatko Čajkovski	1826	1

DIE ERFOLGREICHSTEN TRAINER DES FC BAYERN

Hansi Flick, Jupp Heynckes oder Ottmar Hitzfeld – wer ist eigentlich der erfolgreichste Trainer beim FC Bayern gewesen? Hier dürften die Meinungen auseinandergehen. Manche Experten und Fans würden sich vielleicht sogar für Pep Guardiola entscheiden, der zwar mit den Münchnern nicht die Champions League gewinnen konnte, aber die Mannschaft in Sachen Taktik und Spielkultur auf ein unglaubliches Niveau hievte.

Im Folgenden sei nun einfach nach den formalen Erfolgen eine Zusammenstellung der erfolgreichsten FC-Bayern-Coaches seit 1963 erlaubt.

Geht es um ein einzelnes Jahr, dann ist Hansi Flick formal der erfolgreichste Coach in der Historie des FC Bayern. Denn mit Flick gewannen die Münchner 2020 das Sextuple: deutsche Meisterschaft, DFB-Pokal, Champions League, deutscher Supercup, UEFA Supercup und FIFA-Klubweltmeisterschaft.

Übrigens gelang in der europäischen Fußballhistorie nur einem weiteren Klub der Sextuple-Triumph: dem FC Barcelona im Jahr 2009. Im Jahr 2013 scheiterten die Münchner dagegen nur knapp am Sextuple-Gewinn. Jupp Heynckes und in der zweiten Jahreshälfte Pep Guardiola fehlte der Sieg im deutschen Supercup.

Nur einem Trainer in der Geschichte des FC Bayern gelang es, zwei Europapokale in unterschiedlichen Saisons mit den Münchnern zu gewinnen: Dettmar Cramer holte mit dem FC Bayern 1975 und 1976 den Europapokal der Landesmeister.

In Sachen nationaler Double-Gewinn gibt es auch feine Unterscheidungen: Der FC Bayern gewann bis 2021 insgesamt 13-mal das Double aus Meisterschaft und DFB-Pokal.

- Drei Trainer konnten mindestens zweimal das Double mit dem FC Bayern feiern: Ottmar Hitzfeld, Felix Magath und Pep Guardiola.
- Nur ein Coach konnte den Double-Erfolg umgehend wiederholen: Felix Magath in den Jahren 2005 und 2006.
- Nur ein Trainer holte sogar dreimal das Double mit dem FC Bayern: Ottmar Hitzfeld in den Jahren 2000, 2003 und 2008.

Die meisten Triumphe im DFB-Pokal fuhren die Münchner jeweils mit Ottmar Hitzfeld (2000, 2003, 2008) und Udo Lattek (1971, 1984, 1986) ein. Beide Coaches gewannen den Pott dreimal.

Am häufigsten deutscher Meister mit dem FC Bayern wurde Udo Lattek. Er holte gleich zweimal den Meistertitel im Dreierpack: 1972–1974 und 1985–1987. Mit sechs Meistertiteln rangiert er auf Platz eins. Ottmar Hitzfeld folgt auf Platz zwei mit fünf Titeln (1999–2001, 2003, 2008). Jupp Heynckes nimmt Rang drei ein mit vier Meistertiteln (1989, 1990, 2013, 2018). Pep Guardiola folgt auf Platz vier mit drei Meistertiteln zwischen 2014 und 2016.

Konzentriert man sich nun in Summe auf die bedeutendsten Titel im Klubfußball – gemeint sind auf nationaler Ebene Meistertitel und DFB-Pokal, auf internationaler Ebene die Wettbewerbe Europapokal der Landesmeister bzw. Champions League, UEFA-Cup bzw. Europa League und (ehemals) Europapokal der Pokalsieger –, dann nimmt Udo Lattek knapp vor Ottmar Hitzfeld die Spitzenposition beim FC Bayern ein. Lattek holte zehn bedeutende Titel mit dem FC Bayern, Hitzfeld neun Titel. Jupp Heynckes nimmt Platz drei mit sechs Titeln ein, Pep Guardiola folgt auf Rang vier mit fünf Titeln.

Die erfolgreichsten Trainer des FC Bayern aufgeteilt nach Titelkategorien

Kategorie	Gewinner	Anzahl
Meiste Titel in einem Jahr	Hansi Flick	6
Europapokaltriumph	Dettmar Cramer	2
Double-Gewinner	Ottmar Hitzfeld	3
DFB-Pokal-Sieger	Ottmar Hitzfeld	3
Deutscher Meister	Udo Lattek	6
(Wesentliche) Titel insgesamt	Udo Lattek	10

BEST OF CHAMPIONS LEAGUE

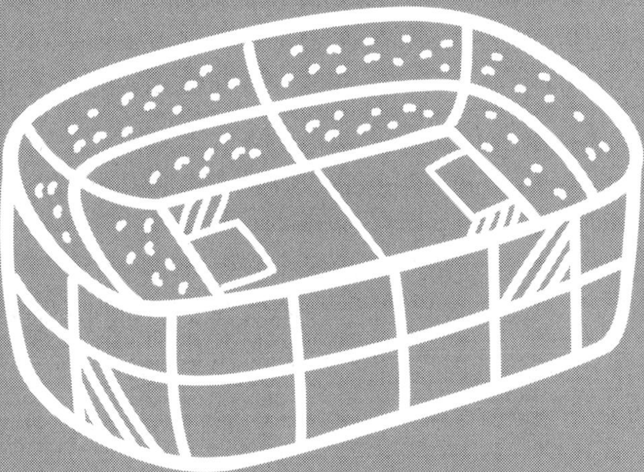

Der Europapokal der Landesmeister startete als bedeutendster Wettbewerb im europäischen Klubfußball in der Saison 1955/56. Nachdem der FC Bayern erstmals in der Saison 1968/69 im Bundesligamodus deutscher Meister wurde, feierte er in der Saison darauf 1969/70 sein Debüt im Landesmeistercup. Die Premiere für die Münchner in diesem Wettbewerb konnte jedoch kaum unglücklicher verlaufen. In der ersten Runde empfing der FC Bayern zunächst den französischen Vertreter AS Saint-Étienne zu Hause im Grünwalder Stadion. Tore von Dieter Brenninger und Franz Roth sorgten für einen komfortabel wirkenden 2:0-Vorsprung für das Rückspiel. Doch beim Re-Match in Saint-Étienne verloren die Münchner mit 0:3 und schieden bereits in der ersten Runde aus dem Wettbewerb aus.

Insgesamt trat der FC Bayern danach noch zwölfmal im Turnierformat des Landesmeistercups (nur K.-o.-Runden) an, nie ist er nach der Saint-Étienne-Pleite noch mal in der ersten Runde ausgeschieden. Gleichzeitig erreichte er bis zur Saison 1991/92 insgesamt fünfmal das Endspiel (1974–1976, 1982, 1987), das er dann wiederum dreimal (1974–1976) für sich entscheiden konnte.

DIE REKORDSTARTER: BARCA VOR REAL MADRID UND FC BAYERN

Seit der Spielzeit 1992/93 wird nun die Jagd nach dem begehrten Henkelpott im Champions-League-Modus ausgetragen. Vor den K.-o.-Runden ist in der Regel mindestens eine Gruppenphase vorgeschaltet, auch sind die Kriterien für das Starterfeld in regelmäßigen Abständen ausgeweitet worden, sodass nunmehr aus vielen europäischen Ligen nicht nur der nationale Meister aus der Vorsaison in der Königsklasse antritt. Aus den besten Ligen Europas sind es jetzt sogar schon vier Teilnehmer, die in der Königsklasse an den Start gehen. In Ausnahmefällen – ein CL-Titelverteidiger, der national keinen Top-Vier-Platz erreicht hat – sind es sogar fünf Teams aus einer Liga. Eine Reform der Champions League mit Erweiterung des Teilnehmerfelds von 32 auf 36 ab der Saison 2024/25 stärkt die großen Ligen in Europa.

Insgesamt haben 171 Vereine aus 41 Nationen bislang in der Königsklasse gespielt.

- Der FC Barcelona hat mit 29 Starts – die Saison 2023/24 eingerechnet – am häufigsten an der Champions League teilgenommen. Die Katalanen fehlten einzig in den Spielzeiten 1995/96, 1996/97 und 2003/04.
- Auf Rang zwei folgt Real Madrid mit 28 Starts. Die Königlichen waren nur in den CL-Saisons 1992/93, 1993/94, 1994/95 und 1996/97 nicht vertreten.
- Der FC Bayern belegt den geteilten Platz drei mit 27 Teilnahmen an der Champions League (wie FC Porto). Die Münchner verpassten die Königsklasse nur in den Spielzeiten 1992/93, 1993/94, 1995/96, 1996/97 und 2007/08.

Unter den deutschen Champions-League-Startern hat der FC Bayern die Nase vorn. Mit seinen 27 Teilnahmen an der Königsklasse liegt er deutlich vor Borussia Dortmund (18-mal) und Bayer 04 Leverkusen (13-mal). Insgesamt haben in der Historie bereits 15 deutsche Teams an der Königsklasse mindestens einmal teilgenommen.

DIE SECHS CL-ENDSPIELE DES FC BAYERN

Bis zur Saison 2023/24 ist es bislang 13 Vereinen geglückt, mindestens einmal die Champions League zu gewinnen. Rekordsieger ist Real Madrid mit neun Triumphen zwischen 1992/93 und 2023/24. Der FC Barcelona folgt mit vier Siegen auf Platz zwei. Der FC Bayern nimmt – gemeinsam mit dem AC Mailand – den geteilten dritten Platz ein. Die Münchner holten den Henkelpott im Champions-League-Modus dreimal:

- 2001 besiegte der FC Bayern im Finale von Mailand den FC Valencia nach Elfmeterschießen mit 6 : 5.
- 2013 gewannen die Münchner im Londoner Wembley-Stadion mit 2 : 1 gegen Borussia Dortmund.
- 2020 triumphierte der FC Bayern im Finale von Lissabon mit 1 : 0 über Paris Saint-Germain.

Mit Borussia Dortmund (1997) konnte nur noch eine weitere deutsche Mannschaft die Champions League gewinnen.

Für den FC Bayern könnten noch mehr Champions-League-Siege zu Buche stehen, wären da nicht einige dramatische Finalniederlagen gewesen:

- 1999 führten die Münchner im Finale von Barcelona bis zur 90. Spielminute mit 1:0 gegen Manchester United, dann schlugen die Engländer in der Nachspielzeit noch zweimal zu und gingen mit 2:1 als Sieger vom Platz.
- 2010 unterlag der FC Bayern im Finale von Madrid Gegner Inter Mailand mit 0:2. Die Münchner hatten das Endspiel quasi schon im Vorfeld verloren, da Superstar Franck Ribéry, der sich in Topform befand, aufgrund einer Rotsperre fehlte.
- 2012 verlor der FC Bayern dann in der heimischen Allianz Arena das Finale gegen den FC Chelsea mit 4:5 nach Elfmeterschießen.

Der FC Bayern erreichte also bislang sechsmal das Finale der Champions League und konnte davon drei Endspiele gewinnen.

Mehr als sechs Finalteilnahmen verzeichnet lediglich Real Madrid (9).

Ebenfalls sechs Finalteilnahmen verbucht der AC Mailand – und auch die Italiener haben drei ihrer sechs Finals verloren.

In noch mehr Finals in der Champions League musste sich nur Juventus Turin geschlagen geben. Juve konnte nur eines von sechs (!) Endspielen gewinnen: 1996 gab es einen 4:2-Sieg im Elfmeterschießen gegen Ajax Amsterdam.

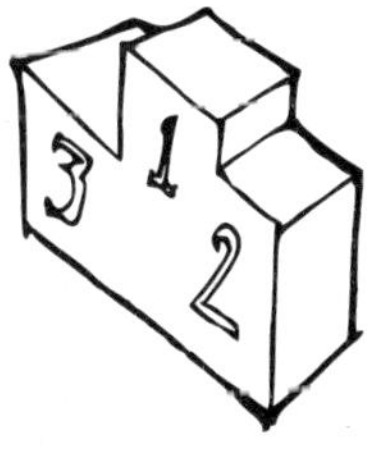

CL-Finalteilnahmen der Top-Teams

Verein	Finals	Siege	Sieg im Jahr	Niederlagen	Niederlage im Jahr
Real Madrid	9	9	1998, 2000, 2002, 2014, 2016, 2017, 2018, 2022, 2024	0	–
FC Bayern	6	3	2001, 2013, 2020	3	1999, 2010, 2012
AC Mailand	6	3	1994, 2003, 2007	3	1993, 1995, 2005
Juventus Turin	6	1	1996	5	1997, 1998, 2003, 2015, 2017
FC Barcelona	5	4	2006, 2009, 2011, 2015	1	1994

Fünf FC-Bayern-Profis gewannen die Champions League auch mit einem anderen Team

Erst 16 Spieler konnten die Champions League mit mindestens zwei unterschiedlichen Klubs gewinnen, darunter sind fünf Spieler mit Bezug zum FC Bayern zu finden.

- ✓ Owen Hargreaves gewann die Champions League 2001 mit dem FC Bayern und 2008 mit Manchester United.
- ✓ Toni Kroos feierte den Gewinn der Champions League mit dem FC Bayern 2013 und mit Real Madrid fünfmal zwischen 2016 und 2024.

- ✓ David Alaba feierte mit Real Madrid 2022 an der Seite von Toni Kroos den Gewinn der Champions League. Auch 2024 konnte er sich über den Triumph von Real freuen, fehlte aber in der entscheidenden Saisonphase wegen eines Kreuzbandrisses.
- ✓ Thiago Alcántara gewann 2011 mit dem FC Barcelona und 2020 mit dem FC Bayern den Henkelpott.
- ✓ Xherdan Shaqiri siegte mit dem FC Bayern 2013 in der Champions League und dann 2019 mit dem FC Liverpool.

Der Klub der 100er

Mehrere (ehemalige) Spieler des FC Bayern befinden sich bereits im prominenten Klub jener Profis, die schon 100 Einsätze plus X in der Königsklasse absolviert haben:

Thomas Müller brachte es bis zur Saison 2023/24 auf 151 CL-Einsätze. Damit liegt der Münchner Stürmer auch im historischen All-Time-Ranking in den Top Ten.

Die weiteren Spieler mit FC-Bayern-Bezug und mindestens 100 CL-Spielen lauteten bis zum Saisonende 2020/21:

- Toni Kroos (151)
- Manuel Neuer (140)
- Robert Lewandowski (120)
- Xabi Alonso (119)
- Philipp Lahm (112)
- Arjen Robben (110)
- Oliver Kahn (103)

REKORDSERIEN

Der FC Bayern hat in der Champions League auch einige Rekordserien aufgestellt.

- So haben die Münchner zwischen dem 17. September 2014 und dem 15. Februar 2017 alle ihre 16 Heimspiele in Folge gewonnen.
- Gemeinsam mit Ajax Amsterdam teilt sich der FC Bayern den Rekord von sieben Auswärtssiegen in Folge in der Königsklasse. Den Münchnern glückte diese Erfolgsserie zwischen dem 19. Februar 2013 und dem 19. Februar 2014. Ajax gelang der Rekord zwischen November 1995 und März 1997.
- Maßstäbe setzt der FC Bayern in der Gruppenphase. Mit Ende der Saison 2023/24 blickt er auf 40 ungeschlagen überstandene Vorrundenspiele in der Champions League zurück, er landete dabei auch 17 Siege in Folge; erst ein 0:0 am 29. Februar 2023 gegen den FC Kopenhagen beendete die Superserie.
- Nimmt man die K.-o.-Phase dazu, so blieb Manchester United am längsten unbesiegt. 25 Partien in Folge zwischen dem 19. September 2007 und dem 5. Mai 2009 konnten die Engländer nicht bezwungen werden.
- Am längsten unbesiegt bei Auswärtsspielen in der Champions League blieb wiederum der FC Bayern. Zwischen dem 31. Oktober 2017 und dem 16. Februar 2022 waren es 23 Partien hintereinander.

TOR-REKORDE IN DER CHAMPIONS LEAGUE

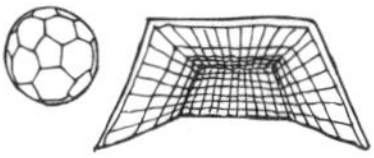

- Real Madrid, der FC Barcelona und Bayern München sind die einzigen drei Teams, die in der Geschichte der Champions League bereits über 500 Tore erzielt haben. Ende der Saison 2023/24 lautete der aktuelle Stand: Real 672 Tore, Bayern 601 Tore und Barca 583 Tore.
- Der FC Barcelona hält den Tor-Rekord in einer CL-Saison. Die Spanier erzielten 45 Treffer in der Spielzeit 1999/2000. Der FC Bayern folgt in diesem Ranking auf Platz zwei mit 43 Toren in der Saison 2019/20. Allerdings: Durch die Corona-pandemie spielten die Münchner nur 11 Partien bis zum Finalsieg, Barca brauchte für seinen Rekord 16 Spiele. Der Torschnitt pro Partie liegt demnach bei den Münchnern mit 3,91 höher als einst bei Barca mit 2,81.
- Die Partie, in der der FC Bayern den FC Barcelona im Viertelfinale der Saison 2019/20 mit 8:2 besiegt hat, zählt mit insgesamt zehn Treffern zu den drei torreichsten Spielen der Champions-League-Historie. Nur bei den Begegnungen Borussia Dortmund gegen Legia Warschau (8:4) im Jahr 2016 und AS Monaco gegen Deportivo La Coruña (8:3) im Jahr 2003 fielen mehr Tore. Zugleich sind die acht Tore des FC Bayern in der Königsklasse Vereinsrekord.

DIE ERFOLGREICHSTEN TORJÄGER DER CHAMPIONS LEAGUE

Acht Spieler haben in der Historie der Champions League 50 oder mehr Tore erzielt – mit Robert Lewandowski und Thomas Müller sind auch zwei Spieler des FC Bayern in diesem erlauchten Kreis vertreten. Ende der Saison 2023/24 stellte sich die »ewige Torjägerliste« wie folgt dar:

- 1. Cristiano Ronaldo / 140 Tore
- 2. Lionel Messi / 129 Tore
- 3. Robert Lewandowski / 94 Tore
- 4. Karim Benzema / 90 Tore
- 5. Raúl González / 71 Tore
- 6. Ruud van Nistelrooy / 56 Tore
- 7. Thomas Müller / 54 Tore
- 8. Thierry Henry / 50 Tore

Bis zur Saison 2020/21 konnte nur einmal in der Historie der Champions League ein Spieler des FC Bayern die Torjägerliste anführen. Robert Lewandowski erzielte in der Saison 2019/20 insgesamt 15 Treffer. Mehr als 15 Tore in einer CL-Saison konnte bislang nur Cristiano Ronaldo erzielen: 17 Treffer waren es für den Portugiesen 2013/14, 16 Treffer in der Saison 2015/16. In der Spielzeit 2017/18 glückten ihm ebenfalls 15 Treffer.

Die »Viererpacks« des FC Bayern

Die meisten Tore in einer Champions-League-Partie glückten Lionel Messi und Luiz Adriano mit jeweils fünf Toren. Einen Viererpack in einer CL-Partie – das schafften 16 Spieler, davon drei in Diensten des FC Bayern.

- Mario Gomez traf viermal beim 7:0-Sieg des FC Bayern im März 2012 gegen den FC Basel.
- Serge Gnabry markierte vier Tore am 1. Oktober 2019 beim 7:2-Auswärtserfolg bei Tottenham Hotspur.
- Robert Lewandowski legte am 26. November 2019 einen »Viererpack« beim 6:0-Auswärtssieg bei Roter Stern Belgrad nach.
- Lewandowski hatte schon mal einen »Viererpack« in der Königsklasse erzielt, allerdings damals noch für Borussia Dortmund im Halbfinale 2013 gegen Real Madrid. Damit gelang dem polnischen Stürmerstar endgültig der internationale Durchbruch.

Die »Fünferpack«-Experten

Der FC Bayern ist in der Champions League quasi der Experte für Spiele mit fünf Toren plus X. Insgesamt erzielten die Münchner in ihren 294 CL-Partien bis zum Jahr 2024 satte 28-mal fünf oder mehr Tore in einem Spiel. Das ist Rekord in der Königsklasse. Erstmals glückte ein »Fünferpack« am 22. Oktober 1997 beim 5:1-Sieg über Paris Saint-Germain.

Den Münchnern gelang es sogar, insgesamt siebenmal allein in einer Halbzeit fünf Tore zu markieren. Dreimal war dies in einer ersten Halbzeit einer Partie der Fall, viermal im zweiten Durchgang.

Fünf Tore in der ersten Halbzeit einer CL-Partie glückten dem FC Bayern …

- ... am 7. November 2011 beim 6:1-Erfolg über den OSC Lille. Zur Halbzeit stand es bereits 5:0 für die Münchner.
- ... am 21. Oktober 2014 beim 7:1-Erfolg bei der AS Roma. 5:0 lautete der Halbzeitstand.
- ... am 21. April 2015 im Viertelfinal-Rückspiel gegen den FC Porto. Zur Pause führte der FC Bayern mit 5:0 – und gewann das Match mit 6:1 in der Allianz Arena.

Fünf Tore in der zweiten Halbzeit einer CL-Partie schoss der FC Bayern …

- ... am 11. März 2015 gegen Schachtjor Donezk. Die Partie endete 7:0.
- ... am 7. März 2017 bei Arsenal London. Nach einem 0:1-Rückstand gewannen die Münchner das Achtelfinal-Rückspiel somit noch 5:1.
- ... am 1. Oktober 2019 beim 7:2-Auswärtserfolg bei Tottenham Hotspur. Zur Halbzeit führten die Münchner mit 2:1.

- ... am 26. November 2019 beim 6:0-Auswärtssieg bei Roter Stern Belgrad. Der Pausenstand lautete noch 1:0 für den deutschen Rekordmeister.

Nur einmal verpasste der FC Bayern die K.-o.-Phase

Erst zehn Mannschaften haben die Gruppenphase der Champions League ohne Punktverlust mit sechs Siegen abgeschlossen – viermal im Zeitraum von 2019 bis 2023 gelang dies dem FC Bayern. In Kombination mit einer Tordifferenz von jeweils +19 stellte der FC Bayern dreimal die Bestwerte unter diesen zehn Teams mit weißer Weste auf. Im vierten Durchmarsch schloss er mit +16 ab.

Nur einmal hat der FC Bayern die Gruppenphase der Champions League nicht überstanden: In der Saison 2002/03 wurde der FC Bayern mit zwei Remis und vier Niederlagen in der Gruppe mit AC Mailand, Deportivo La Coruña und RC Lens Letzter!

Erst einmal konnte der FC Bayern in der K.-o.-Phase der Königsklasse einen Zwei-Tore-Rückstand aus dem Hinspiel noch umbiegen und eine Runde vorrücken. 2015 verloren die Münchner das Viertelfinal-Hinspiel beim FC Porto mit 1:3 – im Rückspiel in München gab es dann aber einen 6:1-Erfolg.

PROFITEURE DER AUSWÄRTSTORREGEL

Der FC Bayern ist die Mannschaft, die gemeinsam mit der AS Monaco am häufigsten in der Champions League von der sogenannten Auswärtstorregel profitiert hat. Gleich fünfmal kamen die Münchner in der K.-o.-Phase eine Runde weiter, weil sie bei Gleichstand im Gesamtscore aus Hin- und Rückspiel mehr Auswärtstore erzielt hatten.

- Im Viertelfinale 1994/95 kamen die Münchner durch ein 2:2 bei IFK Göteborg weiter. Das Hinspiel in München hatte 0:0 geendet.
- Im Achtelfinale 2006/07 verlor der FC Bayern das Hinspiel bei Real Madrid mit 2:3. Im Rückspiel in München genügte dann ein 2:1-Sieg für das Erreichen der nächsten Runde.
- In der Saison 2009/10 nutzte die Auswärtstorregel gleich zweimal dem FC Bayern. Zunächst im Achtelfinale gegen AC Florenz, dann im Viertelfinale gegen Manchester United. Jeweils einem 2:1-Heimsieg der Münchner folgte eine 2:3-Auswärtsniederlage. Der Gesamtscore von 4:4 brachte die Mannschaft von Trainer Louis van Gaal zweimal zum Jubeln.
- Im Achtelfinale 2012/13 siegte der FC Bayern zunächst 3:1 beim FC Arsenal, verlor aber dann sein Heimspiel noch 0:2. Das 3:3 reichte aus auf dem Weg zum CL-Sieg.

Dreimal sorgte die Auswärtstorregel dagegen für ein vorzeitiges Ausscheiden des FC Bayern aus der Königsklasse.

- Erstmals kam dieser Fall 2010/11 im Achtelfinale gegen Inter Mailand zum Tragen. Die Münchner verspielten einen 1:0-Auswärtssieg mit einer 2:3-Heimniederlage.
- 2015/16 verpassten die Münchner den Finaleinzug nach einem 2:2 im Gesamtscore gegen Atlético Madrid (0:1; 2:1).
- 2020/21 musste sich der FC Bayern im Viertelfinale Paris Saint-Germain geschlagen geben. Nach einem 2:3 in München siegte der FC Bayern mit 1:0 in Paris, was aber nicht zum Vorrücken in die nächste Runde ausreichte.
- Alle drei Teams, die sich per Auswärtstorregel gegen den FC Bayern durchgesetzt haben, konnten im Anschluss die Champions League nicht gewinnen.

Zur Saison 2021/22 ist die Auswärtstorregel übrigens abgeschafft worden.

WAS DER FC BAYERN REAL MADRID VORAUSHAT

Alles über die »Titelhamster«

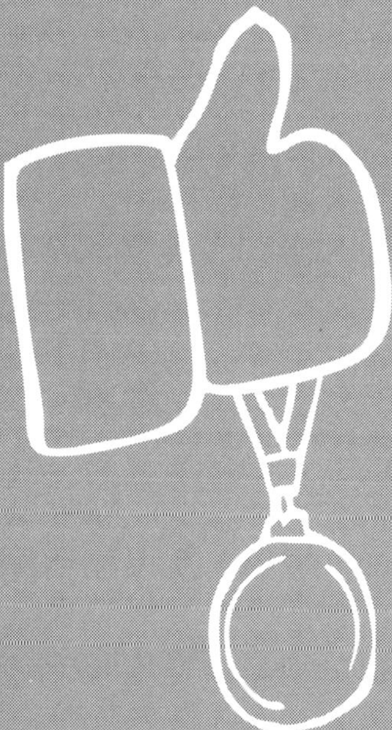

REKORDMEISTER

Der FC Bayern ist inklusive der Saison 2023/24 mit 33 gewonnenen Titeln deutscher Rekordmeister. 32 Meistertitel holte er im Bundesligamodus – bei nur 61 Saisons. Das bedeutet, im Schnitt gewinnt der FC Bayern in rund jeder zweiten Saison die Meisterschaft. Kein anderer Verein holte in der deutschen Fußballhistorie mehr als neun deutsche Meisterschaften. Nach München gingen allein im Zeitraum 2013 bis 2023 alle zu vergebenden elf Titel in Serie.

Der 1. FC Nürnberg, der als deutscher Rekordmeister vom FC Bayern nach der Saison 1986/87 abgelöst wurde, rangiert immer noch auf Platz zwei mit seinen neun Meistertiteln, wovon aber nur einer (1968) im Bundesligamodus errungen wurde.

Bis 1963 wurde die Endphase der deutschen Meisterschaft im K.-o.-System und mit einem Endspiel ausgetragen. Ab 1963/64 startete dann die Bundesliga. Der FC Bayern wurde anhand eines umstrittenen Auswahlverfahrens zunächst nicht für die 1. Liga zugelassen, er stieg aber 1965 sportlich in das deutsche Oberhaus auf, dem er seitdem durchgehend angehört.

Die Top Vier nach Anzahl der deutschen Meistertitel

Rang	Verein	Titel	Titel im BL-Modus	Titel vor 1963/64
1.	FC Bayern	33	32	1
2.	1. FC Nürnberg	9	1	8
3.	Borussia Dortmund	8	5	3
4.	FC Schalke 04	7	0	7

Glasgow Rangers als Zielmarke?

Wer sind nun die »Titelhamster» in anderen Ligen dieser Welt? Eine Auswahl an nationalen Rekordmeistern bis einschließlich der Saison 2023/24, die mehr Titel innehaben als der FC Bayern:

34 Titel: RSC Anderlecht, Belgien
36 Titel: Real Madrid, Spanien
36 Titel: Ajax Amsterdam, Niederlande
36 Titel: Juventus Turin, Italien
37 Titel: River Plate, Argentinien
38 Titel: Benfica Lissabon, Portugal
47 Titel: Olympiakos Piräus, Griechenland
54 Titel: Celtic Glasgow, Schottland
55 Titel: Glasgow Rangers, Schottland

DER FÜNFTE STERN

Die deutschen Klubs dürfen seit der Saison 2004/05 Sterne für ihre bisher gewonnenen deutschen Meisterschaften auf dem Trikot tragen. Allerdings zählen laut den Regeln der Deutschen Fußball-Liga (DFL) nur die Meistertitel ab Gründung der Bundesliga 1963.

- ☆ Ab drei Meistertiteln darf ein Klub einen Stern auf dem Trikot tragen.

- ☆ Zwei Sterne gibt es ab fünf Titeln.
- ☆ Drei Sterne folgen ab zehn gewonnenen Meisterschaften.
- ☆ Vier Sterne werden ab dem 20. Triumph ausgegeben.
- ☆ Nachträglich beschloss die DFL, dass ab 30 Meistertiteln fünf Sterne getragen werden dürfen.

Der FC Bayern gewann in der Saison 2007/08 seinen 20. Meistertitel seit Gründung der Bundesliga und besaß seitdem vier Sterne auf dem Trikot.

In der Spielzeit 2020/21 errang der FC Bayern den 30. Meistertitel im Bundesligamodus, weshalb er seit der Saison 2021/22 fünf Sterne auf dem Trikot tragen darf.

MÜLLER AN DER SPITZE. DIE REKORDSPIELER NACH ANZAHL DER GEWONNENEN MEISTERSCHAFTEN

Bis einschließlich der Saison 2020/21 gewannen Thomas Müller und David Alaba die deutschen Meisterschaften im Gleichschritt und durften zehnmal die Schale in die Höhe heben. Alaba wechselte zu Real Madrid, Müller konnte allein weitermachen und legte zwei Titel nach. Er ist somit zwölfmaliger deutscher Meister. Im Nacken sitzen ihm Manuel Neuer (elf) und Robert Lewandowski (zehn). Neunmal kamen Javi Martínez, Jérôme Boateng und Franck Ribéry mit dem FC Bayern zu Meisterehren.

BUNDESLIGA EINE »FARMERS LEAGUE«?

Wenn eine Mannschaft die nationale Meisterschaft dauerhaft beherrscht, sprechen Fans oftmals ohne Respekt von der »Farmers League«, der »Bauern-Liga«. Immer öfter ist der Begriff »Farmers League« im englischsprachigen Raum auch im Zusammenhang mit der deutschen Bundesliga zu lesen, denn die Dominanz von Serienmeister FC Bayern wirkt erdrückend. So holten die Münchner in der Saison 2022/23 ihren elften Meistertitel in Folge – ebenfalls ein deutscher Rekord. In Sachen Dominanz gibt es unter den über 50 Mitgliedsländern des europäischen Fußballverbandes UEFA, die eine nationale Meisterschaft austragen, kaum etwas Vergleichbares.

Ludogorez Rasgrad toppt den FC Bayern

Nur in Bulgarien gibt es mit Ludogorez Rasgrad ein noch ausdauernder siegendes Team. Rasgrad gewann zwischen 2011 und 2024 alle 13 Meisterschaften.

In Sachen Einseitigkeit und Dominanz kann man noch die Ligen in Kroatien und Moldawien anführen. Dinamo Zagreb gewann seit 2006 nur einmal nicht die Meisterschaft in Kroatien. Die Ausnahme war die Saison 2016/17, als NK Rijeka den Titel holte. In Moldawien ist Sheriff Tiraspol seit 2001 mit 20 Titeln fast ständig an der Spitze zu finden.

Wer nun beispielsweise an Paris Saint-Germain denkt, ob die nicht dominant in Frankreich aufspielen? Zumindest formal gab es schon zwei Ausreißer seit 2012/13: In der Saison 2016/17 gewann die AS Monaco den Titel, 2020/21 entthronte der OSC Lille dank katarischem Investment den steinreichen Favoriten aus Paris.

DER FC BAYERN ALS REKORDSIEGER IM DFB-POKAL

Der FC Bayern ist nicht nur deutscher Rekordmeister, sondern auch Rekordsieger im DFB-Pokal. Bei 24 Endspielteilnahmen gewann er 20-mal den Pokal. Werder Bremen folgt auf Platz zwei mit sechs Siegen bei zehn Finalteilnahmen. Mit Schalke 04, Borussia Dortmund und Eintracht Frankfurt folgen drei Teams mit jeweils fünf Siegen auf Platz drei. Die Übersicht:

Rang	Verein	Titel	Finalteilnahmen
1.	FC Bayern	20	24
2.	Werder Bremen	6	10
3.	FC Schalke 04	5	12
3.	Borussia Dortmund	5	10
3.	Eintracht Frankfurt	5	8

TRIPLE-SIEGER

Wenn ein Klub innerhalb einer Saison die nationale Meisterschaft und den Pokal sowie die Champions League beziehungsweise den Pokal der Landesmeister gewinnt, spricht man vom Gewinn des Triples.

Dem FC Bayern und dem FC Barcelona ist dieses Kunststück zweimal gelungen. Die Münchner gewannen das Triple 2012/13 und 2019/20, Barca holte es in den Spielzeiten 2008/09 und 2014/15.

Weitere fünf Teams feierten einmal den Gewinn des Triples: Celtic Glasgow 1966/67, Ajax Amsterdam 1971/72, PSV Eindhoven 1987/88, Manchester United 1998/99 und Inter Mailand 2009/10.

FC BAYERN IST DRITTER IM »HENKELPOTT«-RANKING

Nimmt man die Siege der Topteams im Europapokal der Landesmeister und im Nachfolgeformat Champions League zusammen, dann ergibt sich folgendes Ranking:

Rang	Verein	Siege gesamt	Finals gesamt	Sieg im EdL	Siege in CL
1.	Real Madrid	15	18	6	9
2.	AC Mailand	7	11	4	3
3.	FC Bayern	6	11	3	3
4.	FC Liverpool	6	10	4	2
5.	FC Barcelona	5	8	1	4
6.	Ajax Amsterdam	4	6	3	1

Real Madrid hat 15 von 18 Endspielen gewonnen – sowohl die Anzahl der Siege als auch die Anzahl der Finalteilnahmen sind Topwerte.

- Der AC Mailand belegt Rang zwei mit sieben Triumphen, davon vier im Europapokal der Landesmeister.
- Der FC Bayern weist mit sechs Erfolgen die drittmeisten Siege im »Henkelpott«-Ranking auf. Nur Real Madrid hat noch häufiger das Endspiel erreicht als der FC Bayern (11) und der AC Mailand (11).
- Der FC Liverpool kommt beim »Henkelpott«-Ranking ebenso wie der FC Bayern auf sechs Triumphe, die Engländer standen aber nur zehnmal im Finale.
- Platz fünf nimmt der FC Barcelona ein, der vier seiner fünf Siege im Champions-League-Modus errang.
- Ajax Amsterdam auf Platz sechs kommt auf vier Triumphe, davon stammen drei aus dem Europapokal der Landesmeister.

DAS HISTORISCHE EUROPAPOKAL-TRIPLE

Der FC Bayern zählt zu den insgesamt fünf europäischen Topklubs, die in ihrer Historie alle drei bedeutenden Europapokal-Wettbewerbe jeweils mindestens einmal gewonnen haben.

Der FC Bayern reüssierte im Landesmeistercup (dreimal) bzw. in der Champions League (dreimal) mehrfach, aber auch einmal – 1996 – im UEFA-Cup, der heutigen Europa League, und im Europapokal der Pokalsieger 1967 – der Wettbewerb existierte nur bis 1999. Einzig Manchester United, Juventus Turin, Ajax Amsterdam und der FC Chelsea errangen ebenfalls alle drei Trophäen jeweils mindestens einmal.

Real Madrid zählt dagegen nicht zu diesem erlauchten Kreis. Die Königlichen gewannen zwar Champions League und UEFA-Cup, doch ein Triumph im Cup der Pokalsieger blieb den Madrilenen auch aufgrund von zwei Endspiel-Niederlagen (1971, 1983) verwehrt.

DER FC BAYERN NIMMT REVANCHE AM BVB

Die Spielzeiten 2010/11 und 2011/12 waren für den FC Bayern sehr bitter. 2011 setzte sich Borussia Dortmund überraschend im Kampf um die deutsche Meisterschaft durch, 2012 legten die Schwarz-Gelben das Double nach, mit einem souveränen Sieg in der Meisterschaft und einer Demütigung des FC Bayern im Pokal-Finale mit 5:2. Doch der FC Bayern nahm Revanche – im Grunde elf Jahre lang. Einerseits mit dem Sieg im Finale der Champions League 2013, andererseits mit elf deutschen Meisterschaften direkt hintereinander. Eine Zahl verdeutlicht dabei, wie der FC Bayern die Dortmunder deutlich auf Distanz hält. In den Bundesligasaisons 2012/13 bis 2022/23 holte der FC Bayern im Vergleich zum BVB insgesamt 171 Zähler mehr. Im Schnitt bedeutete dies pro Saison gerundet 16 Punkte Vorsprung für den FC Bayern auf Borussia Dortmund. Der Überblick:

	FC Bayern München	Borussia Dortmund	Vorsprung
Punktzahl 2012/13	91	66	+25
Punktzahl 2013/14	90	71	+19
Punktzahl 2014/15	79	46	+33
Punktzahl 2015/16	88	78	+10
Punktzahl 2016/17	82	64	+18
Punktzahl 2017/18	84	55	+29
Punktzahl 2018/19	78	76	+2
Punktzahl 2019/20	82	69	+13
Punktzahl 2020/21	78	64	+14
Punktzahl 2021/22	77	69	+8
Punktzahl 2022/23	71	71	0
Gesamtpunktzahl	**900**	**729**	**+171**

In der Saison 2023/24 mussten sich dann die beiden Dauerrivalen hinter Überraschungsmeister Leverkusen und sogar noch dem VfB einreihen. Als Dritter lag der FC Bayern aber wenigstens noch neun Punkte vor Dortmund (Fünfter).

HALL OF FAME

VOM »BOMBER« BIS ZUM »FUSSBALLGOTT« – DIE HALL OF FAME DES FC BAYERN

Der FC Bayern ehrt in seiner Ruhmeshalle die besten und erfolgreichsten Spieler der Vereinsgeschichte. Bislang wurden insgesamt 18 Spieler in die »Hall of Fame« aufgenommen. Zu diesen 18 Spielern folgen jeweils drei Fakten:

Tor: Sepp Maier

- Sepp Maier wechselte 1958 in die Jugend des FC Bayern und bestritt am 30.12.1962 sein erstes Pflichtspiel für die 1. Mannschaft der Münchner. In der damals erstklassigen Oberliga Süd gab es allerdings eine 1:2-Niederlage gegen Eintracht Frankfurt.
- Maier, der für seinen ersten Jugendklub TSV Haar als Stürmer spielte und nur aushilfsweise als Torwart, beschreibt auf seiner Homepage, wie er per Zufall vom FC Bayern entdeckt wurde: »So hatten wir eines Sonntags am Vormittag ein Pokalspiel gegen die 2. Jugend vom großen FC Bayern. Da sich unser Torhüter beim letzten Spiel verletzt hatte, stellte mich unser Trainer gegen meinen Willen ins Tor. Ich ahnte natürlich nicht, dass hier meine großartige Karriere begann. Wir verloren zwar 9:1, doch trotz dieser Niederlage wurde ich vom Jugendleiter des FC Bayern, Rudi Weiß, der damals auch die Bayerische Jugendauswahl zusammenstellte, zum Spiel Oberbayern gegen Salzburg eingeladen. In diesem Spiel

hielt ich zwei Elfmeter und wir gewannen 2:1. Im November 1958 wechselte ich dann zum FC Bayern.«

- Sepp Maier hat die meisten Pflichtspiele für den FC Bayern absolviert und hält einen besonderen Bundesligarekord: Er bestritt wischen 1966 und 1979 insgesamt 442 Bundesligaspiele in Folge. Erst ein schwerer Autounfall 1979 beendete diese Serie und letztendlich auch seine Karriere als Profi.

Tor: Oliver Kahn

- Oliver Kahn ist »Viertel-Lette« – so umschrieb die *Süddeutsche Zeitung* einst den Fakt, dass der einstige Torwart und spätere kurzzeitige Vorstandsvorsitzende des FC Bayern lettische Vorfahren besitzt. Die *SZ* gab einen Einblick in den Familienstammbaum: »Kahns Opa Rolf hatte für die deutsche Kriegsmarine in der lettischen Ostsee-Stadt Liepaja gearbeitet. Er war Balten-Deutscher und heiratete die Lettin Erika Alksnis. Ihr Kind, also Kahns Vater (er heißt ebenfalls Rolf), wurde am 9. Dezember 1943 in Liepaja geboren. Während des Krieges verschlug es die Kahns nach Karlsruhe. Dort kam Oliver Kahn zur Welt.«
- Kahn ist bislang der einzige Torwart, der bei einer Weltmeisterschaft als bester Spieler des Turniers ausgezeichnet wurde und dafür mit dem »Goldenen Ball« geehrt wurde.
- Kahn bestritt zwischen 1994 und 2008 insgesamt 632 Pflichtspiele für den FC Bayern.

Abwehr: Konrad Heidkamp

- Konrad Heidkamp wurde 1905 in Düsseldorf geboren und wechselte 1928 vom Düsseldorfer SC 99 zum FC Bayern. Heidkamp war Linksverteidiger und Kapitän der ersten Meistermannschaft des FC Bayern im Jahr 1932. Bis auf eine zweijährige Unterbrechung war er bis 1944 Spieler der Münchner.
- Heidkamp gilt noch in anderer Form als »Pokalheld« des FC Bayern. Als in der Kriegszeit die Luftangriffe auf München intensiver wurden, bestand auch die Gefahr, dass die Pokale und Trophäen am Vereinsgelände des FC Bayern zerstört würden. Heidkamps Frau Magdalena fiel aber ein Bauernhof im Dorf Ascholding ein, auf dem sie einst als Kind die Ferien verbracht hatte. Die Heidkamps schnappten sich die gewonnenen Pokale und brachten sie in Kisten verpackt bei jenem Bauern in Sicherheit. Dort lagerten die Trophäen in einem Nebenraum. Als dann 1945 die Amerikaner in Bayern eintrafen und womöglich die Gefahr bestand, dass die US-Soldaten die Pokale als Souvenir in ihre Heimat mitnehmen könnten, überlegten sich die Heidkamps ein neues Versteck: Sie vergruben nun die Schätze rund um den Bauernhof.
- Heidkamp spielte neunmal für die deutsche Nationalmannschaft. Zudem zählte er zum deutschen Olympiakader 1928, allerdings kam er im Achtelfinale gegen die Schweiz (4:0) und im Viertelfinale gegen Uruguay (1:4) nicht zum Einsatz.

Abwehr: Franz Beckenbauer

- Franz Beckenbauer galt als bester deutscher Spieler aller Zeiten – das wurde auch nach seinem Tod im Januar 2024 wieder gewürdigt. Auch Beckenbauer lief wie Maier zunächst als Stürmer auf. Sein Debüt bei der ersten Mannschaft des FC Bayern gab er in der Relegation zur Bundesliga 1964 – als linker Außenstürmer. Später spielte er vermehrt im Mittelfeld, bevor er dann seine Stammposition als freier Mann in der Abwehr (Libero) erhielt.
- Nur Franz Beckenbauer (1974, 1990), der Brasilianer Mario Zagallo (1958, 1962, 1970) und der Franzose Didier Deschamps (1998, 2018) wurden sowohl als Spieler als auch als Trainer Weltmeister.
- Bei jedem Weltklassespieler ist aber auch ein Makel zu finden: Beckenbauer ist bis heute der »Eigentor-Schützenkönig« des FC Bayern in der Bundesliga. Bei 396 Bundesligaeinsätzen für den FC Bayern traf der »Kaiser« satte vier Mal ins eigene Tor.

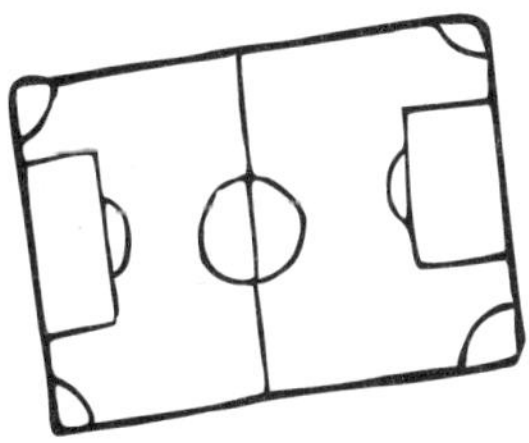

Abwehr: Hans-Georg »Katsche« Schwarzenbeck

- Hans-Georg Schwarzenbeck durchlief fünf Jahre die Jugendauswahl des FC Bayern, bevor er zwischen 1966 und 1982 für die 1. Mannschaft der Münchner auflief. Schwarzenbeck war in der Regel die Rolle zugeschoben, Franz Beckenbauer den Rücken in der Defensive frei zu halten, doch im Landesmeistercupfinale 1974 rettete Schwarzenbeck die komplette Bayernmannschaft in letzter Sekunde. Denn gegen Atlético Madrid lag der FC Bayern bis zur letzten Spielminute der Verlängerung mit 0:1 zurück. Dann zog Schwarzenbeck überraschend aus 25 Metern ab – und markierte das viel umjubelte 1:1. Da es noch kein Elfmeterschießen gab, folgte ein Wiederholungsspiel, in dem die Münchner sich dann erstmals den Henkelpott holten.
- Nicht nur prominente Stars wie Gerd Müller erhielten reizvolle Angebote von Topklubs, auch der gebürtige Münchner Schwarzenbeck hätte in den 1970er-Jahren für ein deutlich höheres Gehalt unter anderem zum englischen Verein Manchester City wechseln können. Allerdings lehnte Schwarzenbeck ab – laut eigener Aussage wollte er seine Heimatstadt und seinen Heimatklub, wo er im Grunde alles hatte, was er brauchte, nicht verlassen.
- In seiner Profikarriere glückte es dem Welt- und Europameister ein einziges Mal, mehr als ein Tor für den FC Bayern zu erzielen: Im Viertelfinal-Hinspiel des DFB-Pokals 1972/73

erzielte Schwarzenbeck beide Münchner Treffer beim Gastspiel bei Kickers Offenbach (2:2).

Abwehr: Klaus Augenthaler

- Klaus Augenthaler spielte von 1975 bis 1991 für den FC Bayern und diente dem Klub im Anschluss noch als Co-Trainer. Auch wenn »Auge« für die Organisation der Abwehr zuständig war, glückte ihm in der ersten Runde des DFB-Pokals am 19. August 1989 ein Traumtor: Mit einem Schuss von der Mittellinie gelang ihm der 1:0-Siegtreffer beim Gastspiel bei Eintracht Frankfurt. Der Treffer wurde zum »Tor des Jahres« und zum »Tor des Jahrzehnts« gewählt.
- Von 1984 bis 1991 trug Augenthaler die Kapitänsbinde des FC Bayern. Gemeinsam mit Franz Beckenbauer (1970–1977) ist er damit der Spieler, der am längsten in der Bundesligahistorie der Bayern dieses Amt ausgeführt hat.
- Augenthaler blieb dem Verein trotz eines zwischenzeitlichen Engagements als Trainer in Leverkusen und Wolfsburg verbunden. Im vereinseigenen TV tauchte er als Experte auf.

Abwehr: Bixente Lizarazu

- Bixente Lizarazu wechselte 1997 von Athletic Bilbao zum FC Bayern und stieg als linker Außenverteidiger zur Klublegende auf. Zeitweise war Lizarazu der erfolgreichste aktive Fußballprofi der Welt, denn im Jahr 2001 vereinte der Franzose die Titel als Welt- und Europameister. Hinzu kamen mit dem FC Bayern der Champions-League-Titel, die deutsche Meisterschaft und der Weltpokal.

- Lizarazu verließ den FC Bayern 2004 Richtung Olympique Marseille. Er kehrte aber im Januar 2005 nochmals zurück nach München und beendete erst im Sommer 2006 seine Profikarriere. Allerdings hörte er mit dem Titelsammeln nicht auf. Der Baske liebt Surfen und Kampfsport und wurde 2009 Europameister im Brazilian Jiu-Jitsu der Senioren-Klasse.
- Lizarazu ist in seiner Heimat weiter enorm bekannt und beliebt. Er arbeitet regelmäßig als Kommentator und TV-Experte. Vor allem bei den Spielen der französischen Nationalmannschaft wird Lizarazu extrem emotional, besonders war dies beim WM-Sieg Frankreichs 2018 der Fall. Auch von Olympischen Sommerspielen berichtete Lizarazu. Er ist leidenschaftlicher Surfer und kennt sich auch im Kanuslalom aus.

Abwehr: Philipp Lahm

- Philipp Lahm wechselte mit elf Jahren von der FT Gern zum FC Bayern und war schon mit der Jugendauswahl der Münchner sehr erfolgreich. Mit der A-Jugend wurde er 2001 und 2002 deutscher Meister.
- Sein Meistertrainer von 2001, Roman Grill, holte als Spieler mit dem FC Bayern 1996 den UEFA-Cup. Grill wurde Lahms Berater und führte seinen Schützling sehr geschickt durch

die komplette Karriere hindurch, die erst nach dem Champions-League-Sieg 2013 und dem WM-Titel 2014 im Jahr 2017 endete. Mittlerweile ist Lahm selbst ein »Macher«. Er fungierte bei der EM 2024 in Deutschland als Turnierdirektor.

- Unglaublich: Lahm war hauptsächlich dafür zuständig, die schnellsten und besten Stürmer der Welt zu stoppen. Er wendete dafür aber nahezu nie böse Fouls an – und er erhielt schon gar keine Roten Karten. In seinen 652 Pflichtspielen für den FC Bayern und den VfB Stuttgart (von 2003 bis 2005 war Lahm an den VfB ausgeliehen) sowie in seinen 113 Länderspielen für die deutsche Nationalmannschaft flog Lahm weder mit Gelb-Rot noch mit Rot vom Platz. Ein sensationeller Wert!

Abwehr/Mittelfeld: Paul Breitner

- Paul Breitner kam gemeinsam mit Uli Hoeneß 1970 zum FC Bayern. Der neue Bayern-Coach Udo Lattek war zuvor Jugendtrainer beim DFB und kannte daher die Qualität des Duos. Breitner war eigentlich Stürmer, Lattek funktionierte ihn zum linken Außenverteidiger um. Bei Real Madrid (1974–1977) spielte Breitner dann im Mittelfeld, bei seiner Rückkehr 1978 zum FC Bayern stieg Breitner zum Wortführer, Kapitän und Mittelfeldlenker auf.
- Breitner zählt neben den Brasilianern Pelé und Vavá sowie dem Franzosen Zinédine Zidane zu jenen vier Spielern, die

in zwei WM-Finals jeweils mindestens ein Tor erzielt haben. Breitner traf 1974 per Elfmeter zum zwischenzeitlichen 1:1 gegen die Niederlande (2:1). Im WM-Finale 1982 glückte ihm der deutsche Ehrentreffer gegen Italien (1:3).

- Breitner ist mit dem verstorbenen Papst Benedikt XVI. (2005–2013; bürgerlicher Name: Joseph Alois Ratzinger) verwandt. Der Papst und Breitners Mutter haben denselben Großvater.

Abwehr/Mittelfeld: Lothar Matthäus

- Lothar Matthäus spielte zwischen 1984 und 1988 und zwischen 1992 und 2000 für den FC Bayern. Zunächst überzeugte der gebürtige Franke im Mittelfeld mit Turbo-Dribblings und genialen Pässen, in seiner zweiten Bayern-Ära rückte er dann im Laufe der Zeit als Libero in die Abwehr.
- Matthäus erlitt als amtierender Weltmeister und Weltfußballer einen Kreuzbandriss. Bei seinem damaligen Klub Inter Mailand spürte er 1991/92 kein Vertrauen mehr, ihm drohte das Karriereende. Doch Matthäus kämpfte sich zurück und wechselte 1992 erneut zum FC Bayern. Nach wenigen Einsätzen glückte ihm im Spiel bei Bayer Leverkusen dann ein Traumtor, als er nach einem Eckball den Ball per Volley aus 25 Metern ins Kreuzeck hämmerte – der Treffer wurde später zum »Tor des Jahres 1992« gekürt.
- Mit 150 Länderspielen ist Lothar Matthäus deutscher Rekordnationalspieler. Sein erstes großes Turnier war die

Europameisterschaft 1980, die gleich mit dem Titelgewinn endete. Als Höhepunkt folgte der Triumph bei der Weltmeisterschaft 1990 – mit Matthäus als Kapitän. Sein letztes großes Turnier absolvierte Matthäus dann im Alter von 39 Jahren bei der EM 2000 – also 20 (!) Jahre nach seiner ersten EM. Wie sein Freund und Mentor Franz Beckenbauer beendete Matthäus seine Profikarriere in New York. Während Beckenbauers Klub 1983 noch Cosmos New York lautete, waren es bei Matthäus im Jahr 2000 die New York Metro Stars.

Mittelfeld: Franz Roth

- Franz »Bulle« Roth spielte von 1966 bis 1978 für den FC Bayern. Roth galt als gefährlicher Distanzschütze. Bei einer Messung der Schussgeschwindigkeit im Bayern-Training erreichte er 137 km/h – der Topwert unter den Münchner Spielern.
- Roth war zugleich auch der »Mister Europacup« des FC Bayern: Im ersten Europacupfinale der Klubgeschichte, 1967 im Europapokal der Pokalsieger, erzielte Roth in der Verlängerung gegen die Glasgow Rangers den Siegtreffer zum 1:0.
- Auch in zwei Landesmeistercupfinals war Roth zur Stelle – und wie: 1975 beherrschte Leeds United im Endspiel den FC Bayern, doch zehn Minuten vor Schluss brachte Roth den FC Bayern überraschend mit 1:0 in Führung. Der Bann war

gebrochen, die Münchner legten noch das 2:0 nach und verteidigten ihren Titel. Im Finale 1976 kam es wieder komplett auf Roth an: Er hämmerte in der 57. Spielminute einen Freistoß ins Tor von Frankreichs Spitzenklub AS Saint-Étienne – es war zugleich der Siegtreffer für den FC Bayern.

Mittelfeld: Stefan Effenberg

- Stefan Effenberg spielte zweimal für den FC Bayern, zunächst von 1990 bis 1992, dann von 1998 bis 2002. Als Kapitän führte er die Mannschaft zum Champions-League-Sieg 2001.
- Effenberg war ein herausragender Regisseur im Mittelfeld – und torgefährlich. Dabei auffällig: Von seinen insgesamt 70 Bundesligatoren für den FC Bayern, Borussia Mönchengladbach und den VfL Wolfsburg erzielte er 45 Treffer (64,3 Prozent) in der zweiten Halbzeit – ein Indiz dafür, dass Effenberg meist 90 Minuten auf das Spiel fokussiert und mit ihm auch in den bedeutenden Schlussminuten noch zu rechnen war.
- Effenberg war schon zweimal Gast bei der beliebten ProSieben-Sendung *Schlag den Star.* 2009 war er der erste Prominente, der an der damals neuen Spielshow teilnahm – und er besiegte Kandidat Oliver. 2015 trat Effenberg dann gegen Sänger und Moderator Daniel Aminati an – und verlor. Mittlerweile sieht man ihn fast jeden Sonntag im Sport1-Fußballtalk *Doppelpass.*

Mittelfeld: Bastian Schweinsteiger

- Bastian Schweinsteiger gilt als »Fußballgott« des FC Bayern. Mit 13 Jahren wechselte er vom TSV 1860 Rosenheim zum FC Bayern, für die Profis der Münchner spielte er von 2002 bis 2015. Weitere Stationen waren Manchester United und Chicago Fire.
- Zunächst lief Schweinsteiger beim FC Bayern meist auf der Außenbahn auf. Seine Paradeposition im zentralen Mittelfeld erhielt er erst beim Kurzeinsatz von Trainer Jupp Heynckes im April und Mai 2009 zugeteilt (zweite Amtszeit in München) sowie dann regelmäßig bei Louis van Gaal in der Saison 2009/10.
- Schweinsteiger war auch ein talentierter Skifahrer. Bei prestigeträchtigen Jugendrennen besiegte der spätere Fußballweltmeister von 2014 mehrmals seinen Freund, den späteren Ski-Weltmeister Felix Neureuther.

Mittelfeld/Angriff: Mehmet Scholl

- Mehmet Scholl war von 1992 bis 2007 insgesamt 15 Jahre als Spieler für den FC Bayern aktiv. Er erzielte 117 Treffer in 469 Pflichtspielen für die Münchner. Seine genialen Momente im Dribbling und bei Standards, aber auch seine lockeren Sprüche machten ihn zu einem Publikumsliebling beim FC Bayern.
- Unfassbar: Scholl wurde zwar mit der deutschen National-

mannschaft 1996 Europameister, er spielte aber zwischen 1990 und 2006 bei keiner einzigen von fünf möglichen Weltmeisterschaften mit. Meistens deshalb, weil er sich kurz zuvor verletzt hatte oder nicht rechtzeitig nach einer Verletzungspause in Form gekommen war.

- Über Mehmet Scholl gibt es eine Film-Doku namens *Frei:-Gespielt*, die ihn rund um sein Karriereende 2007 porträtiert.

Angriff: Gerd Müller

- Gerd Müller, der »Bomber der Nation«, spielte von 1964 bis 1979 beim FC Bayern. Müller stellte zahlreiche Bestmarken auf, darunter auch, dass er für den FC Bayern in 607 Pflichtspielen 566 Treffer erzielte.
- Auch interessant: Müller, der Vollblutstürmer, spielte manchmal in der Defensive. Dabei war Müller meist kein »Aushilfsverteidiger«, sondern eine echte Unterstützung für die Mannschaft. Beispielsweise schaltete Müller 1971 im Achtelfinal-Hinspiel im Europacup der Pokalsieger als defensiver Mittelfeldspieler FC-Liverpool-Spielmacher Ian Callaghan aus. Die Münchner nahmen von der Anfield Road ein 0:0 mit ins Rückspiel, das sie dann mit 3:1 in München gewannen.
- Viele Müller-Rekorde hätte es um ein Haar gar nicht gegeben, denn im September 1975 drohte ihm das Karriereende. Müller erhielt eine Verletzung am Oberschenkel als eher harmlos dia-

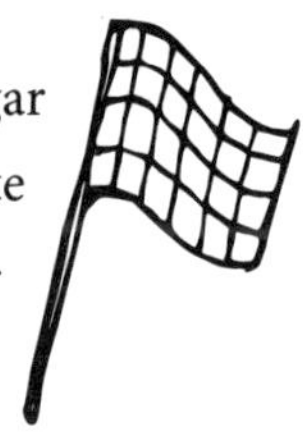

gnostiziert. Ein Verband, Tabletten und viel Ruhe sollten für die nötige Erholung sorgen, doch Müller bekam hohes Fieber und noch größere Schmerzen. Erst ein der Familie Müller bekannter Professor im Ruhestand brachte Licht ins Dunkel. Statt einer Prellung im Oberschenkel hatte Müller sich einen Muskelriss zugezogen. Obendrauf gab es eine schwere Entzündung. Eine rasche Not-OP wurde für Müller in die Wege geleitet. Wäre die Verletzung noch ein bis zwei Tage länger unentdeckt geblieben, hätte Müller seine Karriere damals womöglich nicht mehr fortsetzen können.

Angriff: Uli Hoeneß

Uli Hoeneß war vom Spielstil her quasi der Arjen Robben der 1970er-Jahre. Oftmals über die rechte Seite enteilte Hoeneß mit seinem Topspeed den Gegenspielern und netzte dann den Ball noch wohlüberlegt in den gegnerischen Kasten ein. Sein wohl bedeutendstes Tor für den FC Bayern war ein klassischer Hoeneß: Beim Wiederholungsspiel des Landesmeistercupfinals 1974 schickte Paul Breitner mit einem langen Pass Hoeneß auf der halbrechten Seite steil, der entwischte von der Mittellinie weg drei Gegenspielern von Atlético Madrid und tunnelte dann noch beim Torabschluss zum 1:0 den gegnerischen Keeper Miguel Reina. Hoeneß glückte zudem später noch der Treffer zum deutlichen 4:0-Endstand. Die Münchner waren somit erstmals Sieger im Landesmeistercup.

- In der Bundesliga netzte Uli Hoeneß am liebsten gegen den Hamburger SV ein. In zwölf Partien traf er sieben Mal – gegen keinen anderen Gegner traf er häufiger.
- Auch in seinen Ämtern als Manager (1979–2009), Präsident (2009–2014 / 2016–2019) und Ehrenpräsident mit Sitz im Aufsichtsrat prägte Hoeneß den FC Bayern maßgeblich. Ein wesentliches Verdienst war die finanzielle Konsolidierung des Klubs: Vor allem ab 1984 mit dem Verkauf von Karl-Heinz Rummenigge an Inter Mailand musste sich der FC Bayern nicht mehr um Schulden Gedanken machen. Finanziell ging es fortan stetig bergauf.

Angriff: Karl-Heinz Rummenigge

- Karl-Heinz Rummenigge stieß zur Saison 1975/76 zum FC Bayern. Er galt zunächst als schüchtern, zurückhaltend und musste seinen Platz in der Mannschaft erst finden. Legendär: Weil er vor dem Landesmeistercupfinale 1976 so aufgeregt war, ordneten Manager Robert Schwan und Trainer Dettmar Cramer an, dass Rummenigge rund zwei Stunden vor dem Spiel ein Glas Cognac trinken solle. Bekanntlich gewannen die Bayern das Finale – und Rummenigge berichtete im Jahr 2021 der Bild-Zeitung, dass er in guter alter Tradition noch heute vor jedem Bayern-Spiel einen Cognac trinke und dem FC Bayern Glück für die Partie wünsche.

- Als Rummenigge als Weltstar 1984 den FC Bayern für die Ablöse von rund 12 Millionen D-Mark verließ, wurden die Münchner dadurch schuldenfrei.
- Zunächst wollte Rummenigge nach dem aktiven Fußball keineswegs Funktionär werden, sondern lieber in die Medienwelt eintauchen. Als Co-Kommentator bei der ARD überzeugte er mit Expertise und Leidenschaft. Als wohl alle Fans dachten, Lothar Matthäus würde im WM-Finale gegen Argentinien zum Elfmeter antreten, machte Rummenigge bereits Minuten vorher den Zusehern klar, dass es eher auf Andreas Brehme als Schützen hinauslaufen werde. Brehme trat tatsächlich an und verwandelte den Elfmeter sicher zum 1:0-Sieg für Deutschland.

Angriff: Giovane Élber

- Giovane Élber spielte von 1997 bis 2003 für den FC Bayern und zählte zu den absoluten Publikumslieblingen. Dabei hing die Karriere des Brasilianers zuvor am seidenen Faden. Denn zwischen 1990 und 1994 stand er als junger Spieler beim AC Mailand unter Vertrag, damals einer der besten Vereine der Welt. Allerdings kam Élber in der Serie A nicht zum Einsatz und war die meiste Zeit verliehen an den Schweizer Klub Grasshoppers Zürich. Erst dort spielte der Stürmer groß auf und wechselte 1994 zum VfB Stuttgart, bevor es für ihn drei Jahre später als deutscher Pokalsieger zum FC Bayern ging.

- Seine bedeutendsten Tore für den FC Bayern erzielte Élber im Frühjahr 2001 – es war eine Torserie mit jeweils dem ersten Treffer der Partie. Zum Start traf er am 18. April 2001 im Rückspiel des Champions-League-Viertelfinals gegen Manchester United zum zwischenzeitlichen 1:0 (2:1). Danach folgte sein wichtigster Treffer für die Münchner: Im Halbfinal-Hinspiel bei Real Madrid am 1. Mai 2001 markierte Élber per Distanzschuss den 1:0-Siegtreffer im Estadio Santiago Bernabéu. Und weil Élber »on fire« war, glückte ihm auch im Rückspiel am 9. Mai das 1:0 gegen Real. Die Partie im Münchner Olympiastadion endete mit einem 2:1-Erfolg für den FC Bayern. Élbers Torserie war somit die Grundlage für den ersten Triumph des FC Bayern im Champions-League-Modus.
- 2002/03, in seiner letzten Saison beim FC Bayern, wurde Élber erstmals Torschützenkönig der Bundesliga. Ebenso wie der Bochumer Thomas Christiansen brachte er es auf insgesamt 21 Treffer.

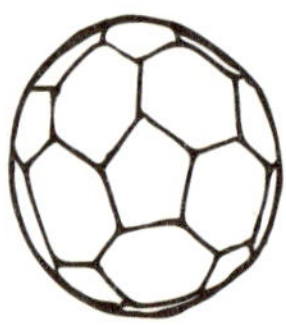

EHRE, WEM EHRE GEBÜHRT

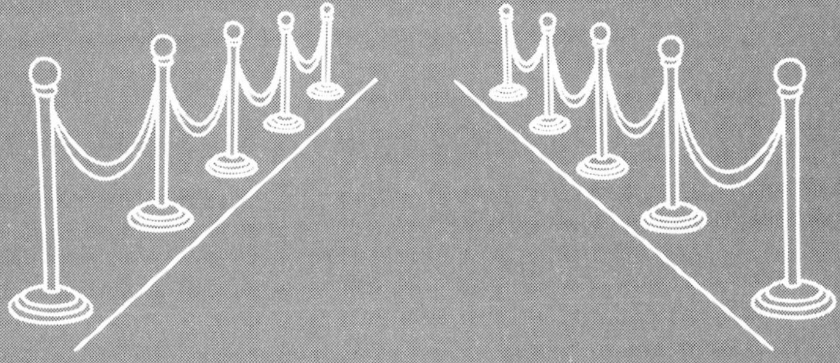

Aber nicht nur der FC Bayern selbst ehrt seine besten Spieler. Ob »Fußballer des Jahres«, »Ballon d'Or« oder »The Best Player Award«: Das Fußballgeschäft begleiten zahlreiche Auszeichnungen und Preise für herausragende Leistungen von Spielern und Teams. Immer wieder erhielten Profi-Spieler des FC Bayern einen der Top-Awards.

Eine Auswahl:

»FUSSBALLER DES JAHRES«

Seit 1960 wird »Deutschlands Fußballer des Jahres« gekürt. Gewählt wird der beste Spieler der Saison von den Mitgliedern des Verbands Deutscher Sportjournalisten (VDS). Die Ehrung wird gemeinsam mit dem Sportmagazin *kicker* vorgenommen. Gewählt werden können alle deutschen Spieler sowie ausländische Profis, die bei einem Bundesligaklub unter Vertrag stehen. Bis zum Jahr 2023 wurde insgesamt 24-mal einem Spieler in Diensten des FC Bayern diese Ehre zuteil. Franz Beckenbauer erhielt die Auszeichnung viermal, was den Höchstwert darstellt.

FC-Bayern-Profis, die zum »Fußballer des Jahres« gewählt wurden

»Fußballer des Jahres«	Jahr	Anzahl Ehrungen
Franz Beckenbauer	1966, 1968, 1974, 1976	4
Sepp Maier	1975, 1977, 1978	3
Gerd Müller	1967, 1969	2
Oliver Kahn	2000, 2001	2
Michael Ballack	2003, 2005	2
Robert Lewandowski	2020, 2021	2
Karl-Heinz Rummenigge	1980	1
Paul Breitner	1981	1
Lothar Matthäus	1999	1
Franck Ribéry	2008	1
Arjen Robben	2010	1
Bastian Schweinsteiger	2013	1
Manuel Neuer	2014	1
Jérôme Boateng	2016	1
Philipp Lahm	2017	1

»MANNSCHAFT DES JAHRES«

Eine weitere Auszeichnung, die im deutschen Sportbereich von großer Bedeutung ist, lautet »Mannschaft des Jahres«. Stimmberechtigt sind erneut die deutschen Sportjournalisten. Der Preis wird seit 1957 vergeben, dem FC Bayern wurde die Ehre viermal zuteil: 1967, 2001, 2013 und 2020. Für die Ehrung 1967 dürfte der Gewinn des Europapokals der Pokalsieger ausschlaggebend gewesen sein, für 2001 der erstmalige Sieg im Champions-League-Format, für 2013 und 2020 jeweils der Gewinn des Triples.

»BALLON D'OR« UND »WELTFUSSBALLER DES JAHRES«

Der »Ballon d'Or« (»Goldener Ball«) zählt zu den bekanntesten Auszeichnungen in der Fußballbranche. Der Preis wurde 1956 von der französischen Fachzeitschrift *France Football* initiiert. Bis zum Jahr 2006 stellte der Jury-Preis die Ehrung für den besten Fußballer aus Europa dar (»Europas Fußballer des Jahres«). Ab 2007 wurde der Wahlmodus deutlich ausgedehnt. Der »Ballon d'Or« kam dann der Wahl des besten Fußballers der Welt gleich – allerdings galt er damit als Konkurrenz zur offiziellen Wahl des Weltverbandes FIFA. Sie kürte ab 1991 offiziell den »Weltfußballer des Jahres«.

Zwischen 2010 und 2015 kooperierten *France Football* und FIFA und benannten den nun gemeinsamen Preis »FIFA Ballon d'Or«. Seit 2016 suchen FIFA (»The Best«) und *France Football* wieder getrennt den besten Fußballer der Welt.

Die Suche nach »Europas Fußballer des Jahres« hat unterdessen der Europäische Fußballverband UEFA übernommen. Zunächst zwischen 2011 und 2016 unter dem Titel »UEFA Best Player in Europe«, mittlerweile unter der Bezeichnung »UEFA Men's Player of the Year«.

Spieler in Diensten des FC Bayern haben fünfmal den »Ballon d'Or« gewonnen, allerdings noch, als die Auszeichnung »nur« für den besten Fußballer in Europa bestimmt war.

☞ Stürmer **Gerd Müller** erhielt die Auszeichnung 1970.
☞ Libero **Franz Beckenbauer** bekam die Trophäe 1972 und 1976.
☞ Angreifer **Karl-Heinz Rummenigge** wurde 1980 und 1981 mit dem »Ballon d'Or« geehrt.

Seitdem die »Ballon d'Or«-Jury den besten Spieler der Welt sucht, also seit 2007, konnte jedoch noch kein FC-Bayern-Profi den Preis gewinnen. Drei Münchner Spieler gelangten aber zwischen 2007 und 2021 in die Top Drei.

☞ 2013 belegte Flügelstürmer **Franck Ribéry** Platz drei.
☞ Ein Jahr darauf, 2014, landete Torwart **Manuel Neuer** ebenfalls auf Rang drei.
☞ 2021 blieb Stürmer **Robert Lewandowski** Platz eins verwehrt. Der Pole wurde Zweiter hinter Argentiniens Lionel Messi.
☞ Besonderes Pech für Lewandowski: Wahrscheinlich hätte er dank seiner starken Leistungen im Jahr 2020 den Preis ge-

wonnen, doch aufgrund der Coronapandemie wurde die Wahl damals ersatzlos gestrichen.

Besser lief es für Lewandowski bei der offiziellen FIFA-Wahl. 2020 wurde der Pole zum »Weltfußballer« gekürt. Damit war er der erste Spieler in Diensten des FC Bayern, dem diese Auszeichnung zuteilwurde. Der frühere Bayern-Star Lothar Matthäus gewann zwar die inoffizielle Wahl 1990 und die erste offizielle Abstimmung 1991, allerdings stand er damals bei Italiens Topklub Inter Mailand unter Vertrag. Im Jahr 2021 wiederholte Lewandowski seinen Erfolg aus 2020 und wurde erneut zum »Weltfußballer« gekürt.

Nochmals zurück zur Suche nach »Europas Fußballer des Jahres«. Seitdem die UEFA diesen Award vergibt, konnten nochmals zwei FC-Bayern-Profis diesen Preis gewinnen:

☞ **Franck Ribéry** im Jahr 2013
☞ **Robert Lewandowski** im Jahr 2020

Zusammengefasst heißt das: Siebenmal wurde ein Fußballer des FC Bayern zum besten Spieler in Europa gewählt und zweimal zum besten Fußballer der Welt.

ZU GUTER LETZT ...

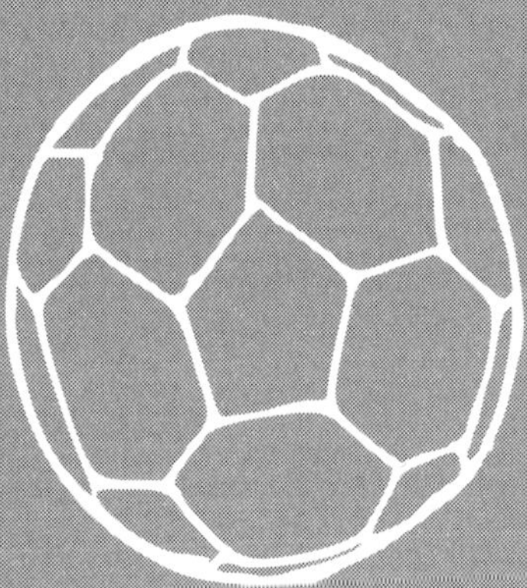

Wie eingangs ausgeführt, geht es in diesem Buch nicht um den FC Bayern als Verein mit seinen vielfältigen Betätigungen im Sportbereich. Dennoch sollen die weiteren Abteilungen des FC Bayern München e. V. nicht unerwähnt bleiben, weil sie im Wirken des Vereins eine große Rolle spielen.

Ihr jeweiliges Gründungsjahr und einige der bedeutendsten Erfolge im Überblick:

- Die Abteilung Frauenfußball des FC Bayern wurde 1970 gegründet. Zu ihren größten Erfolgen zählen die sechs deutschen Meistertitel 1976, 2015, 2016, 2021, 2023 und 2024. Hinzu kommt der Sieg im DFB-Pokal 2012. Seit 2002 ist die Frauen-Fußballabteilung der FC Bayern München AG zugeordnet. Dadurch erhielt der Frauenfußball einen großen Professionalisierungsschub und eine intensivere Förderung. Die Frauen präsentierten sich auch schon mit der Männermannschaft auf dem Münchner Rathausbalkon.
- Die Schiedsrichter-Abteilung des FC Bayern besteht seit 1919. Etwas mehr als 100 Schiedsrichter sind in nahezu allen Amateurligen Bayerns im Einsatz. Zu den bekanntesten Mitgliedern der Abteilung zählte der 2021 verstorbene Franz-Xaver Wengenmayer. Er leitete zwischen 1965 und 1973 auch 58 Spiele in der Bundesliga, hinzu kamen Länderspiele und Partien im Europacup.
- Noch zum Bereich Fußball gehört der Seniorenbereich. Vorzeigeteam sind die FC Bayern Legends, für die Raimond Au-

mann, Giovane Élber, Paulo Sergio, Claudio Pizarro, Ivica Olić, Roy Makaay, Thomas Linke, Klaus Augenthaler, Stefan Effenberg und Diego Contento auflaufen.

- Die Abteilung Basketball existiert seit 1946. Seitdem wurde der FC Bayern sechsmal deutscher Meister (1954, 1955, 2014, 2018, 2019, 2024) und ebenso oft Pokalsieger (1968, 2018, 2021, 2023, 2024).
- Die Schach-Abteilung beim FC Bayern besteht seit 1980 durch die Integration des 1908 gegründeten Schachclubs Anderssen Bavaria. In der Schachbundesliga wurde der FC Bayern mit der 1. Mannschaft neunmal deutscher Meister: 1983, 1985, 1986, 1989, 1990, 1991, 1992, 1993 und 1995. Zudem steht der Sieg im Europapokal 1992 in der Bilanz.
- Als Breitensport wird auch Handball beim FC Bayern gefördert. Die Abteilung besteht seit 1945, zahlreiche Mannschaften im Männer-, Frauen- und Jugendbereich nehmen am offiziellen Ligabetrieb teil.
- Ebenfalls im Breitensport anzusiedeln ist die 1946 gegründete Tischtennis-Abteilung des FC Bayern. 2014 baute der Verein eine Akademie auf, die sich vor allem eine intensive Kinder- und Jugendförderung zum Ziel gesetzt hat.
- Die Abteilung Sportkegeln ging aus dem Verein SKC Real-Isaria hervor und existiert seit 1983 beim FC Bayern. Zeitweise erhielten die Sportkegler große mediale Aufmerksamkeit, da Ex-Fußballstar Mehmet Scholl der Abteilung beigetreten war. Scholl, Champions-League-Sieger von 2001, war bereits als Jugendlicher in Karlsruhe auch ein erfolg-

reicher Sportkegler, er wurde unter anderem mit seiner Mannschaft deutscher Jugend-Vizemeister.

Wussten Sie, welchen einsamen Rekord der FC Bayern München e.V. hält? Mit der Antwort auf diese Frage findet auch dieses Buch seinen Abschluss: Er ist der mitgliederstärkste Sportverein der Welt! Auf der Jahreshauptversammlung 2023 begrüßte er das 316000. Mitglied. Und die Tendenz ist steigend.

Ebenfalls bei Yes Publishing erschienen

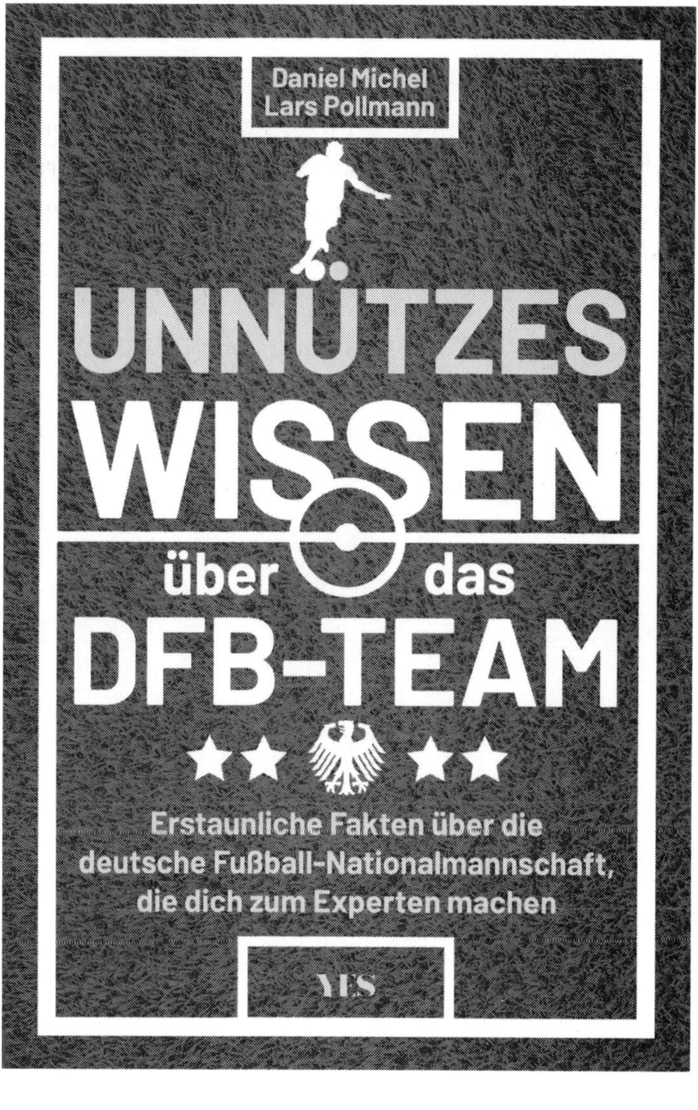

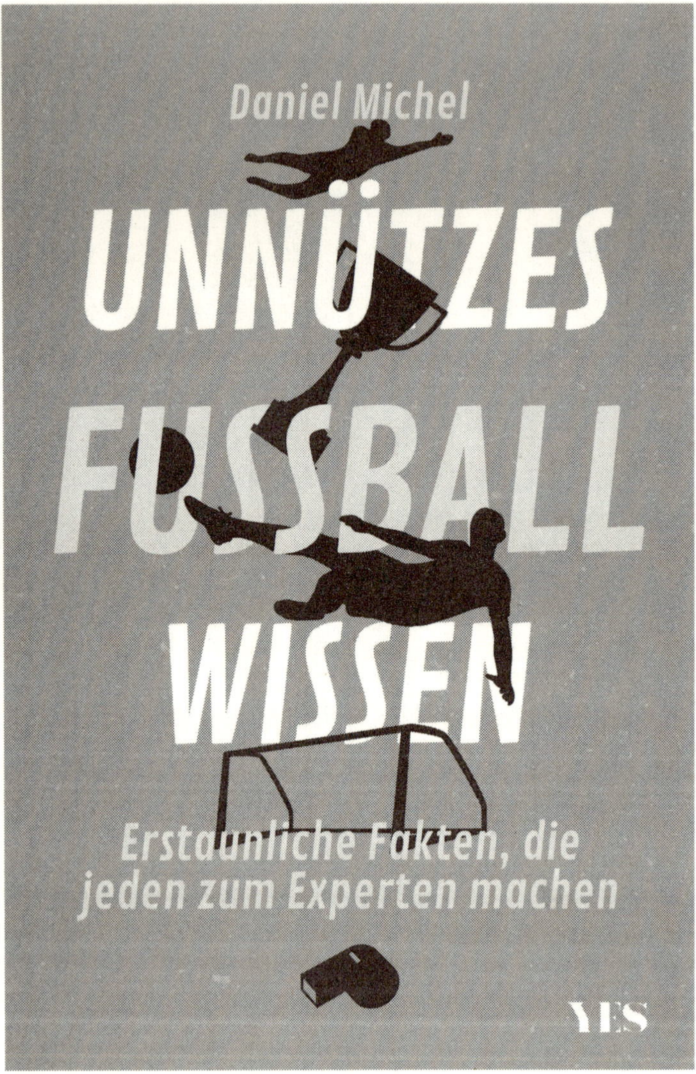
Daniel Michel
UNNÜTZES
FUSSBALL
WISSEN
Erstaunliche Fakten, die
jeden zum Experten machen
YES